CAMINHO
VERDADE
VIDA

O Discipulado
como uma Jornada
da Graça

David A. Busic

Direitos Autorais © 2021
The Foundry Publishing
Kansas City, MO 64141

Publicado originalmente em inglês sob o título
Way Truth Life por David A. Busic
Publicado por The Foundry Publishing

Esta edição foi publicada
por Literatura Nazarena Portuguesa (Lisboa)
e Global Nazarene Publications (Lenexa, KS USA)
pelo acordo com a The Foundry Publishing.

Todos os direitos reservados

ISBN 978-1-56344-926-0

Nenhuma parte desta publicação pode ser reproduzida, armazenada num sistema de recuperação ou transmitida de qualquer forma ou por qualquer meio sem a permissão prévia por escrito do editor, por exemplo, digitalização, fotocópia e gravação. Exceptuam-se as breves citações em revisões impressas.

Design da Capa: Matt Johnson

Design do Interior: Sharon Page

Tradução para o português europeu (pré-AO90) por: Priscila Guevara, Paulo de Melo Duarte, Susana Reis Gomes.

Todas as citações das Escrituras, excepto as indicadas, são extraídas da versão João Ferreira de Almeida Revista e Corrigida.

Os endereços da Internet neste livro eram precisos no momento da publicação do mesmo, mas podem não estar disponíveis em todos os idiomas. Esses links são fornecidos como um recurso. O editor não os confirma nem garante o seu conteúdo ou permanência.

Em memória de Robert E. Busic, um pai que me ensinou que o discipulado é uma jornada inundada de graça e que a semelhança com Cristo é o nosso destino.

Ensina-me, Senhor, o teu caminho, e andarei na tua verdade; une o meu coração ao temor do teu nome.

- Salmo 86:11

ÍNDICE

Agradecimentos 7
Introdução 9
   1. A Graça Excelsa 19

O Caminho
   2. A Graça que Busca 33

A Verdade
   3. A Graça Salvadora 51

A Vida
   4. A Graça Santificadora 75
   5. A Graça Sustentadora 107
   6. A Graça Suficiente 143
Posfácio: Jesus Cristo é o Senhor 161

AGRADECIMENTOS

Os agradecimentos podem abranger o reconhecimento daqueles que tornaram algo possível até a dívidas de gratidão que não podem ser pagas. Assim é aqui.

Quando fui eleito para servir como superintendente geral na Igreja do Nazareno, sabia que os meus colegas da Junta de Superintendentes Gerais iriam influenciar a minha vida, mas o grau desse impacto tem sido inestimável. Embora ocorram quase sempre diferenças de opinião nas nossas inúmeras conversas de liderança, as coisas que permanecem duradouras são o seu compromisso para fazer fielmente e em oração o que é melhor para a igreja – mesmo que custe – e a minha confiança absoluta na força do seu carácter e na pureza dos seus corações. Obrigado Filimão Chambo, Gustavo Crocker, Eugénio Duarte, David Graves, Jerry Porter, Carla Sunberg e J.K. Warrick. A vossa influência tem inspirado a escrita deste livro no serviço à igreja para nos ajudar a cumprir a nossa missão de 'fazer discípulos semelhantes a Cristo nas nações".

Obrigado ao Scott Rainey, director global dos ministérios de discipulado da Igreja do Nazareno, pelo convite para escrever um livro simples que enfatiza o discipulado de santidade como uma jornada da graça. Obrigado a Bonnie Perry, directora editorial da The Foundry Publishing, pela sua crença inabalável de que boa teologia escrita e transmitida às nossas crianças é uma tarefa importante o suficiente na qual investe o melhor da sua vida. Obrigado a Audra Spiven por editar com o objectivo da clareza e de sempre colocar a pergunta, "E se dissesse desta forma?" Finalmente, obrigado à congregação nazarena da minha juventude que, a despeito de não ser demasiado grande em assistência era extravagante em amor, me ensinou que a santidade não é somente o que Deus, em Cristo, tem feito por nós, mas também o que Deus, em Cristo, faz incansavelmente em nós e através de nós quando desistimos do direito a nós mesmos e deixamos Jesus ser Senhor.

Nota do Autor

Como tem sido o meu estilo em escritos anteriores, encorajo o leitor a consultar as notas dos capítulos para uma maior abrangência de compreensão quanto ao discipulado e a jornada da graça. As anotações abundantes reflectem a minha dívida ao pensamento de outros e o meu desejo em oferecer discernimento adicional que seria um fardo ao corpo principal do texto. Para melhor acessibilidade, as citações completas são oferecidas cada vez que um novo capítulo inicia, mesmo que esse autor ou fonte tenha sido reconhecido antes.

INTRODUÇÃO

Jesus convida-nos para uma jornada. "Vem e segue-me." É um simples convite para uma aventura com um amigo querido. A vida cristã é mais do que a crença correcta. É mais do que um consentimento intelectual. É um convite para uma jornada com Jesus.

Outra palavra para a jornada com Jesus é discipulado. O discipulado é seguir o caminho de Jesus enquanto se viaja com Ele. O caminho tem muitas voltas, curvas e contra-curvas inesperadas na estrada. Às vezes, o caminho parece fácil, outras vezes, parece uma difícil subida. No entanto, o objectivo final (em grego, *telos*) do discipulado é sempre o mesmo: ser como Cristo.

Se isso parece impossível, está realmente num ponto muito bom para começar. De facto, seria impossível se não fosse por uma certeza muito importante: fazemos a jornada com Jesus. É por isso que é uma jornada de graça.

Quando Jesus disse: "Eu sou o caminho, a verdade e a vida" (João 14:6), Ele estava a falar sobre mais do que uma equação intelectual sequencial ou um acordo transaccional que fazemos com Deus. Ele estava a descrever a maneira relacional em que o discipulado acontece. De facto, o Caminho, a Verdade e a Vida não são abstracções filosóficas ou princípios de vida. O Caminho, a Verdade e a Vida são uma Pessoa.

Jesus estava a apontar para o *telos* (objectivo) apropriado da jornada: a verdadeira vida como Deus pretendia e os meios pelos quais alcançamos a meta são o caminho e a verdade, realizados dentro e através de si mesmo.¹ A jornada da graça é relacional na sua essência.

James K. A. Smith descreve o discipulado como "um tipo de imigração, do reino das trevas para o reino do amado Filho de Deus (Colossenses 1:13)".² Esta é a linguagem de uma jornada - mudar-se de um país para outro.³ Trata-se de mudar a cidadania e as alianças, o que é totalmente impossível à parte da graça de Deus em Jesus Cristo, que é o Caminho. Smith continua: "Em Cristo, recebemos um passaporte celestial; no Seu corpo, aprendemos a viver como 'cidadãos' do Seu reino. Tal imigração para um novo reino não é apenas uma questão de se ser teletransportado para um reino diferente; precisamos de nos acostumar a um novo modo de vida, aprender um novo idioma, adquirir novos hábitos - e desaprender os hábitos desse domínio rival."⁴

Eu realmente acredito que quando Jesus disse: "Vou preparar-vos lugar" (João 14), essa promessa incluía a garantia de que Ele nos fez, pessoalmente, reservas para a viagem, incluindo acomodações quando chegarmos. Ele é o nosso passaporte celestial que nos permite tornar-nos cidadãos de um novo país - do Seu reino. O melhor de tudo é que Ele promete acompanhar-nos ao longo de todo o caminho para casa. Jesus será o nosso Caminho para o caminho. Esta é a esperança de uma jornada de graça.

Eu sou o Caminho, a Verdade e a Vida

Quando Jesus disse: "Eu sou o caminho, a verdade e a vida", Ele não estava a sugerir um princípio de vida abstracto para pendurar

---

1. Richard John Neuhaus define telos como "o objectivo final que dá sentido ao aspecto em questão" Neuhaus, *Death on a Friday Afternoon: Meditations on the Last Words of Jesus from the Cross* (New York: Basic Books, 2000), 127..
2. James K. A. Smith, *You Are What You Love: The Spiritual Power of Habit* (Grand Rapids: Brazos Press, 2016), 66.
3. *The Pilgrim's Progress* (1678), de John Bunyan, foi uma primeira versão fictícia desse mesmo conceito de jornada que se toma para mudar de país ou de reino.
4. Smith, *You Are What You Love*, 66.

como uma placa na parede. Pelo contrário, foi uma resposta a uma pergunta levantada por discípulos assustados e incertos. Vem de uma secção do Evangelho de João que os estudiosos da Bíblia se referem como "o último discurso" (João, capítulos 14 a 17). Esses quatro capítulos de João, mais do que qualquer um dos outros três evangelhos do Novo Testamento, dão-nos uma visão interna do que Jesus estava a pensar e a ensinar os Seus discípulos durante as horas imediatamente anteriores à Sua Paixão e morte na cruz. Assim, eles poderiam muito bem ser descritos como a última vontade e testamento de Jesus Cristo.[5]

Lembre-se que os discípulos ouviram notícias incrivelmente más. Eles reuniram-se num espaço emprestado. Todos estão *condicionados* a espaços apertados. Jesus lava os pés dos Seus doze discípulos, o que os deixa a todos desconfortáveis. Então diz-lhes que muito em breve um deles O trairá (13:21). Para piorar a situação, depois de vários anos a viajar por todos os lugares juntos, Jesus diz-lhes que Se está a ir embora e que eles não podem ir com Ele (13:33).

Tudo isto é muito perturbador! Jesus consegue sentir o peso das Suas palavras sobre eles. Não é de admirar que diga: "Não se turbe o vosso coração" (14:1). A palavra traduzida para "turbe" é a mesma palavra usada para descrever as águas do mar da Galiléia durante uma tempestade violenta. Quando o vento soprou, as águas ficaram turbulentas e agitadas. Os discípulos estão a sentir-se assim. Os seus estômagos estão agitados. As suas cabeças estão às voltas. As suas emoções estão sobrecarregadas. Jesus tenta consolar os seus furiosos corações: "Não se turbe os vossos seus corações. ... Vou preparar-vos lugar. (...) E vos levarei para mim mesmo, para que onde eu estiver

---

5. Frederick Dale Bruner refere-se a João 14-16 como sermões do discipulado de Jesus, com o capítulo 17 a servir como uma oração de encerramento e, no total, como "a teologia sistemática compacta de Jesus pela Sua igreja missionária". Bruner, *The Gospel of John: A Commentary* (Grand Rapids: Eerdmans, 2012), 78.

estejais vós também. Mesmo vós sabeis para onde vou, e conheceis o caminho" (João 14:1-3).

Então Tomé fala. A história nomeou-o "Tomé, o incrédulo", mas fico feliz por ele ter estado lá (cuidado com os tempos verbais) uma vez que teve a coragem de fazer a pergunta que todos queriam fazer. Ele é como um aluno que pára o professor no meio da aula e diz: "Com licença. Esta pode ser uma pergunta parva, mas não fazemos ideia do que está a falar." De facto, não era uma pergunta parva. Percebo o facto de Tomé ter tido a presença de espírito para identificar o problema óbvio que todos tinham com as palavras de Jesus: "Senhor, nós não sabemos para onde vais; e como podemos saber o caminho?" (14:5).

A vida é assim, não é? Há momentos em que nos perguntamos para onde devemos ir. Às vezes, pensamos que sabemos para onde estamos a ir - ou esperamos saber para onde estamos a ir - mas temos que admitir que nos perdemos completamente no caminho. Parece haver tantas intersecções e curvas, tantas opções e becos sem saída. O que desejamos mais do que qualquer outra coisa no quebra-cabeça da vida é um mapa. No entanto, muitas pessoas, que não encontram esse mapa, decidem que é melhor ir para um lugar qualquer do que ficar em lado nenhum, e por isso, escolhem uma direcção e partem para o que parece ser o caminho de menor resistência.

Felizmente, Jesus responde à pergunta de Tomé (e à nossa): "Eu sou o caminho, a verdade e a vida. Ninguém vem ao Pai senão por mim" (14:6). É interessante que a ênfase da afirmação de Jesus está claramente na palavra "caminho". O caminho é sequencialmente primeiro. Isso não quer dizer que a verdade e a vida não sejam importantes. Significa simplesmente que a verdade e a vida explicam como e porque é que Jesus é o Caminho.[6]

---

6. Muitas pessoas consideram Raymond Brown como o estudioso joanino proeminente da sua geração. Ele acredita que "o caminho é o principal predicado [da declaração de Jesus], e a verdade e a vida são apenas explicações do caminho". Brown, *The Gospel According to John XII-XXI, The Anchor Bible Commentary*

Ele é o Caminho, porque é a Verdade - a revelação de Deus. Ele é o Caminho, porque a vida de Deus disponível para cada pessoa reside n'Ele e somente n'Ele. Ele é simultaneamente o acesso e a encarnação da vida com Deus. O cerne das boas novas do Evangelho de João é que em Jesus - a Palavra encarnada e único Filho de Deus - podemos ver e conhecer Deus de uma maneira nunca antes possível. Ele é a auto-revelação autorizada de Deus.[7] Por outras palavras, Jesus não é apenas um caminho, mas O caminho - porque Ele é a manifestação excepcional e visível do Deus invisível, a quem conhecemos como Pai (1:14, 18; 6:46; 8:19; 12:45).[8]

"Ninguém vem ao Pai senão por mim" (14:6). Muitos de nós podem identificar-se com a pergunta de Tomé: "Como podemos saber o caminho?" (14:5) porque cada pessoa, de forma articulada ou não, procura respostas para questões espirituais. A nossa sociedade de hoje é mais aberta espiritualmente do que do que antigamente. O problema é que as pessoas estão abertas a muitos caminhos diferentes de espiritualidade.

A visão moderna do mundo ocidental parte de uma mentalidade consumidora abrangente. Está ligada à preocupação política muito recente de adoptar o pluralismo. Isso faz com que muitas pessoas vejam um caminho espiritual tão relevante e legítimo como qualquer outro, desde que as suas necessidades pessoais sejam atendidas e desde que sejam autenticamente fiéis a si mesmas. E assim assume-se - se alguém escolhe o budismo, o hinduísmo, o islamismo, a cientologia, o judaísmo, o cristianismo ou qualquer outra religião - que, desde que

---

(New York: Doubleday, 1970), 621. Se isso estiver correcto, a verdade e a vida são explicações do caminho - ou, dito de outra forma, Jesus é o Caminho, porque Ele é a Verdade e a Vida. Jesus, pessoalmente, personifica as três.

7. Bruner, *The Gospel of John*, 811. Bruner lembra-nos que "a revelação de Jesus sobre Deus, o Pai, dá-nos uma grande esperança de que o Pai também [como Jesus] será - e, de facto, é sempre foi - muito, muito bom".

8. Inspiro-me nesta frase a partir de uma nota de rodapé poética na *The Wesley Study Bible: New Revised Standard Version*, Joel B. Green and William H. Willimon, eds. (Nashville: Abingdon Press, 2009).

seja sincero e gratificado pela sua escolha, essa alternativa será tão boa quanto qualquer outra porque todos os caminhos levam (assim diz a cosmovisão) ao mesmo Deus.

Um dos muitos problemas com essa visão é que estas diferentes crenças geralmente se contradizem e fazem reivindicações mutuamente exclusivas. Quando o cristianismo é visto à luz de outros sistemas religiosos diversos, é a fé única que faz a afirmação definitiva de que Jesus é o caminho exclusivo para Deus. Não se pode acreditar na afirmação exclusiva de Jesus Cristo: "Ninguém pode vir ao Pai senão por mim" e ainda acreditar que existem outras maneiras de obter acesso ao Pai. Fazer isso negaria, efectivamente, o próprio Cristo que disse essas palavras. Jesus não disse: "Eu sou um dos muitos caminhos para o Pai". Ele não disse: "Pode optar por me seguir, se quiser, mas há outras opções igualmente viáveis". Jesus também não disse: "Qualquer que seja o caminho espiritual que percorrer, ficará bem comigo, desde que seja sincero". Jesus nunca deu a entender isso. Ele declarou claramente que é o único caminho para o Pai.[9]

Pouco tempo depois da nossa família se mudar para uma nova cidade, eu e a minha esposa tivemos um compromisso na cidade. Tivemos de ir em dois carros. Ela conduziu um monovolume e eu conduzi um carro. Como o sentido de orientação dela sempre foi melhor que o meu, ela liderou o caminho.

De repente, apanhamos muito trânsito e perdi-a. Vi o que pensei ser a monovolume e segui-a. Quando percebi que estava a seguir o veículo errado - e agora numa estrada completamente diferente - era tarde demais para chegar ao compromisso. Fiz inversão de marcha e fui para casa. A moral da história é simples: até pode ser sincero no

---

9. Isto não limita a soberania de Deus para alcançar graciosamente seguidores de outras religiões e tradições de fé que podem morrer sem conhecer ou mesmo sem ouvir o nome de Jesus. Deus é sempre livre para fazer o que soberanamente escolhe fazer. Espero sinceramente ser surpreendido pela graça na reconciliação de todas as coisas.

caminho que escolher e estar, simultaneamente, sinceramente errado. O facto é que é preciso mais do que sinceridade para encontrar o caminho certo.[10] É preciso a verdade! Uma pessoa pode estar a percorrer um caminho a uma boa velocidade, mas se for o caminho errado, não importa a rapidez com que chega.

A afirmação de Jesus é radicalmente inclusiva, porque todos são convidados a seguir o caminho, mas é radicalmente exclusiva, pois cada caminho que uma pessoa seguir para encontrar a verdade acaba como num beco sem saída - a menos que seja o único Caminho que os leve ao único Deus verdadeiro.

Cada pessoa - cada um de nós - é culpada de tomar a direcção errada, espiritualmente falando. Como resultado, ficamos longe de Deus. O profeta Isaías escreveu enfaticamente: "Todos nós andávamos desgarrados como ovelhas; cada um se desviava pelo seu caminho" (53:6). O apóstolo Paulo reitera isso em Romanos: "Porque todos pecaram e destituídos estão da glória de Deus" (3:23). Porquê? Porque todos nós seguimos o caminho errado na vida. Todos escolhemos seguir o nosso próprio caminho, em vez de buscar a vontade e o caminho de Deus para as nossas vidas.

O Evangelho (boas novas) é que Jesus veio para pessoas como nós. Outro escritor do Evangelho, Lucas, diz-nos que o objectivo declarado da missão de Jesus é "procurar e salvar os perdidos" (19:10). Em vez de nos deixar sem saber para onde ir numa bifurcação na estrada, ou pior, seguir sem rumo o caminho errado, Jesus veio mostrar-nos claramente o único caminho para Deus, para o novo país do reino e para a vida eterna.

Um comentador parafraseia as palavras de Jesus da seguinte maneira: "Eu sou o Caminho para lá e eu sou a Verdade que te conduzirá

---

10. Ninguém é mais sincero sobre a sua verdade do que bombistas suicidas. No entanto, a sinceridade - não importa quão apaixonadamente comprometida a pessoa esteja com a sua verdade - não é suficiente se não estiver fundamentada na realidade final.

no Caminho para lá, e eu sou a Vida que te dará o poder de seguir a Verdade ao longo do caminho até lá."[11] "Eu sou[12] o Caminho" não é um conjunto de direcções, nem um mapa, nem um conjunto de pistas - Eu sou o Caminho. "Eu sou a Verdade" não é um conjunto de princípios organizadores da vida ou pressupostos filosóficos - Eu sou a Verdade.

"Eu sou a Vida" não é uma maneira alternativa de viver com um ponto de vista mais optimista - Eu sou a única vida real, a única forma de nos tornarmos verdadeiramente humanos.

A afirmação de Jesus Cristo de não ser apenas um caminho, uma verdade e uma vida, mas ser o verdadeiro e único Filho de Deus, é a base do cristianismo. Essa afirmação não foi feita para difamar outros sistemas de fé; mas sim simplesmente para dizer que há apenas um caminho para o Pai, que é através de Jesus Cristo. Ele é o único meio pelo qual podemos ser salvos. Como Frederick Bruner apontou, "O Oriente ansiava permanentemente pelo 'Caminho' (o *Tao*), o Ocidente pela 'Verdade' (*Veritas*) e o mundo inteiro (oriente, ocidente, norte e sul) pela 'Vida (*real*)'. Jesus é, em pessoa, os três".[13]

Imagine que está numa cidade desconhecida e pede direcções a alguém de como chegar a um lugar difícil de encontrar. A pessoa a quem pediu ajuda poderia dizer algo deste género: "Precisa de virar à direita no próximo cruzamento grande. Depois, atravesse a praça, passe pela igreja e permaneça na via do meio, que o levará directamente à terceira rua à direita, até chegar a uma rua de quatro vias". Mesmo com orientações claras, quando o caminho é complicado, as chances de dar uma volta errada ou de se perder são altas.

---

11. Bruner, *The Gospel of John*, 823.
12. O pronome [*ego*, "eu"] é enfático, passando a ênfase de um método para uma Pessoa. Também é digno de nota, e foi destacado inúmeras vezes, que as palavras "Eu Sou" de Jesus em João são uma referência ao pronunciamento ardente de Deus a Moisés: "Eu Sou o Que Sou" (Êxodo 3:14). "Eu Sou" ficou conhecido nas Escrituras Hebraicas como *Javé*.
13. Bruner, *The Gospel of John*, 812.

Suponha que, em vez disso, a pessoa a quem pergunta diz: "Sabe, não há uma maneira fácil de lá chegar. É complicado se nunca lá esteve. Siga-me. Melhor ainda, venha comigo e eu o levarei até lá." Essa pessoa torna-se não apenas o seu guia, mas também essencialmente o caminho, e, desta forma, não vai deixar de chegar onde precisa de ir. É isso que Jesus faz por nós. Ele não apenas dá conselhos e orientações. Ele caminha connosco numa jornada de graça. De facto, Ele não nos fala sobre o caminho - Ele torna-Se o Caminho!

Lesslie Newbigin, teóloga britânica e missióloga reconhecida, articulou poderosamente essa perspectiva: "Não é que Ele [Jesus] ensine o caminho ou nos guie no caminho: se assim fosse, poderíamos agradecer-Lhe pelos Seus ensinos e depois seguir o caminho por nossa conta. Ele próprio é o caminho. (...) Seguir esse caminho é, de facto, o único caminho para o Pai".[14]

Na história *Alice no País das Maravilhas*, de Lewis Carroll, Alice chega a uma encruzilhada e faz uma pergunta ao Gato Risonho: "Poderias dizer-me, por favor, para onde devo ir a partir daqui?"

"Isso depende muito de onde queres ir", responde o gato.

"Oh, realmente não importa, desde que eu...", responde Alice.

"Então não importa para onde tu vais", disse o Gato.

Talvez ninguém tenha resumido de forma mais eloquente a afirmação singular de Jesus do que Thomas à Kempis no seu clássico devocional, *Of the Imitation of Christ*.

Siga-me. Eu Sou o Caminho, a Verdade e a Vida. Sem o Caminho, não há como "ir". Sem a Verdade, não há conhecimento. Sem a Vida, não há como viver. Eu sou o Caminho que deve seguir, a Verdade em que deve acreditar, a Vida pela qual deve esperar. Eu sou o Caminho inviolável, a Verdade infalível e a Vida eterna. Eu sou o Caminho recto, a Verdade suprema, a

---

14. Lesslie Newbigin, *The Light Has Come: An Exposition of the Fourth Gospel* (Grand Rapids: Eerdmans, 1987), 161.

Vida verdadeira, a Vida abençoada, a Vida não criada. Se permanecer no meu Caminho, conhecerá a Verdade, a Verdade o libertará e alcançará a Vida eterna.[15]

Em Jesus, encontramos o Caminho para o Pai. Ele é o caminho para casa.

Em Jesus, encontramos a Verdade. Ele encarna a verdade imutável, segura e certa do carácter e da natureza do Pai.

Em Jesus, encontramos a Vida - vida abundante, tanto agora, como na nova criação prometida de Deus que está por vir.

Esta é a jornada da graça.

---

15. Thomas à Kempis, *Of the Imitation of Christ,* Book 3, chapter 56 (c. 1418–1427).

1
A GRAÇA EXCELSA
A graça está em todo o lado.
—Georges Bernanos, The Diary of a Country Priest

"Graça Excelsa" é uma das músicas mais famosas e amadas do mundo hoje. Embora tenha mais de dois séculos, continua a ser cantada em centenas de idiomas e dialetos.[1] Ela transcende raças e credos, fronteiras geográficas e geracionais. Nem precisa de ser cristão para conhecer as palavras e emocionar-se com o significado delas.

Foi um pastor inglês chamado John Newton que escreveu a música. Durante o início da sua vida adulta, ele era o capitão de um navio negreiro e era pessoalmente responsável por trazer centenas de escravos da África Ocidental para a Grã-Bretanha. No entanto, após um encontro de quase morte durante uma violenta tempestade no mar, ele teve uma experiência de conversão que o mudou radicalmente. E nunca mais foi o mesmo.

Ele não começou apenas uma jornada de graça com Deus, mas também se arrependeu profundamente e arrependeu-se do seu

---

1. Enquanto escrevo isto, sentado numa sala do aeroporto de Joanesburgo, na África do Sul, consigo ouvir um dos trabalhadores a cantarolar baixinho em "africânder". O jornalista americano Bill Moyers assistia a uma apresentação no Lincoln Center, onde o público cantava "Graça Excelsa". Ele ficou tão impressionado com o poder unificador da música entre cristãos e não cristãos, que se inspirou a produzir um documentário com o mesmo nome.

envolvimento pessoal no tráfico de escravos. Ele renunciou ao cargo de capitão, tornou-se pastor anglicano e mais tarde passou a ser mentor de William Wilberforce, que liderou a campanha para abolir a escravatura no Império Britânico. Aos oitenta e dois anos, quando estava a morrer, Newton declarou: "A minha memória está quase a desaparecer. Mas lembro-me de duas coisas: que sou um grande pecador e que Cristo é um grande Salvador". Não é de admirar que pudesse escrever de maneira tão poética - ele tinha recebido, experimentado e sido transformado por uma graça incrível.

Este é um livro sobre a graça. É sobre a jornada da graça pela qual somos feitos cada vez mais à imagem de Jesus Cristo, que é "o Caminho, a Verdade e a Vida". A graça vem de muitas formas, tanto nas Escrituras como nas nossas vidas, mas a sua natureza permanece a mesma. Nós recebemo-la pessoalmente como um presente de Deus e cooperamos com Deus num relacionamento mútuo e transformador.

O que é a Graça?

O que é a Graça de Deus? Como é que ela entra nas nossas vidas, nos afecta, nos muda e nos capacita a viver vidas semelhantes a Cristo? Existem muitas definições de graça:

- O favor imerecido de Deus.
- O amor imerecido de Deus.
- O favor dado a alguém que merece o contrário.
- A expressão absolutamente livre do amor de Deus que encontra o seu único motivo na generosidade e benevolência do Doador.[2]
- A bondade sem restrições de Deus.

Todas essas definições de graça tentam descrever aqueles aspectos indescritíveis e surpreendentes da resposta amorosa de Deus à imerecida humanidade. É por isso que usamos a palavra "maravilhosa".

---

2. Esta é uma paráfrase livre da definição de graça atribuída ao falecido estudioso do Novo Testamento, linguista e líder de missões, Spiros Zodhiates.

Ela desafia as nossas categorias humanas de relacionamentos e transacções.

Quem trabalha em finanças sabe o que é um "período de carência". Os períodos de carência são pequenos períodos de tempo em que um pagamento é adiado sem que haja penalização. Quando alguém deve um pagamento de carro ou um empréstimo escolar, mas esse pagamento é adiado sem incorrer em multas por atraso, isso trata-se de "um período de carência". No entanto, um "período de carência" tem obrigações anexadas. Dura apenas por um curto período de tempo. Eventualmente terminará e, se alguém ainda não tiver pago o que deve, serão cobradas multas adicionais. É gratuito - mas não é incondicional.

A graça de Deus é diferente. A graça de Deus é gratuita (não deve ser confundida com algo que "não tem custo" - mais sobre essa ideia no fim do capítulo) e isso é algo bom porque, de outra forma, não a conseguiríamos pagar. Nunca poderíamos pagar ou retribuir o que devemos a Deus. É pela Sua graça que Deus faz por nós o que nunca poderíamos fazer por nós mesmos. É por isso que dizemos que a graça é imerecida. Deus trata-nos melhor do que merecemos. É o favor que nos é dado quando merecemos o oposto e que nos leva a seguir Jesus num discipulado completamente dedicado.

A definição mais simples de graça é "presente". O apóstolo Paulo usou a palavra grega comum para "presente" ou "favor", *charis*, e ajudou a reimaginá-la como uma maneira de descrever o vasto significado de tudo o que Deus fez por nós em Jesus Cristo (2 Coríntios 8:9; 9:15; Gálatas 2:21; Efésios 2:4-10).[3] Também é importante notar que *charis* é derivado da raiz *char* - "aquilo que traz alegria".[4] Assim, a acção da graça dada e recebida evoca alegria e gratidão. Nesse sentido, é apropriado que os que recebem a graça ofereçam algo em troca: acção

---

3. A palavra grega *charis* é traduzida em latim para *gratia*, a partir da qual muitas línguas recebem a palavra "graça".
4. Thomas A. Langford, *Reflections on Grace* (Eugene, OR: Cascade Books, 2007.

de graças e uma vida consagrada. Isto não quer dizer que a graça divina é uma transacção relacional. O desejo (ou expectativa) de retribuir o favor nega o poder do presente.[5] O pensamento transaccional mina sempre e desvaloriza as intenções de um presente.

Se eu der um presente a meu amigo, posso dizer: "Quero dar-te este presente como um sinal de meu amor por ti".

A resposta normal seria que esse meu amigo recebesse o presente e simplesmente dissesse: "Obrigado".

E se, em vez disso, ele dissesse: "É muito gentil da tua parte. Quanto é que te devo?" Eles verificaram o idioma de um presente no idioma de uma transacção: *Estás a fazer algo bom por mim. Fico a dever-te uma.*

Há outro problema em confundir o dom da graça com transacções reembolsáveis. O significado subjacente da graça é que não há nada que possamos fazer para que Deus nos ame mais, e não há nada que possamos fazer para que nos ame menos do que já ama.[6] Não há nada que seja tão bom em nós que nos torne dignos ou capazes de conquistar o amor de Deus, e não há nada tão mau em nós que nos possa separar do amor de Deus, que está em Cristo Jesus, nosso Senhor (Romanos 8:35–39). Deus não nos ama porque somos bons e Ele não nos odeia por sermos maus. A natureza essencial de Deus é o amor santo, o que significa que a acção que mais caracteriza Deus é a graça divinamente doadora e derramada.[7]

---

5. Em *Paul and the Gift* (Grand Rapids: Eerdmans, 2015), John M. G. Barkley defende que a ideia de "presente" como algo entregue "gratuitamente" é um conceito ocidental moderno. Durante toda a antiguidade, e ainda hoje em muitas partes do mundo, os presentes são dados com fortes expectativas de retorno - mesmo para obter algo que fortaleça a solidariedade social. O entendimento do Evangelho do Novo Testamento sobre o "presente" da salvação é que, embora não seja merecido e não possa ser conquistado, a graça gera justiça e a justiça gera obediência.
6. Philip Yancey, *What's So Amazing about Grace?* (Grand Rapids: Zondervan, 1997), 70.
7. "A característica mais essencial de Deus é o amor. 'Deus é amor', diz João de maneira simples e profunda. Podemos modificar o amor de Deus com a palavra

Philip Yancey reconhece isto quando escreve: "A graça significa que Deus já nos ama tanto quanto um Deus infinito pode amar".[8] Como Deus não nos amou inicialmente com base no nosso bom comportamento, como é que um comportamento melhor poderia fazer com que nos amasse mais? Da mesma forma, como é que um comportamento pior poderia fazer com que nos amasse menos? Não pode orar mais, dar mais, servir mais ou sacrificar mais e fazer com que Deus diga: "Ela está a sair-se muito melhor. Ela está finalmente a ficar bem. Amo-a mais agora do que antes". Não. Você é amado/a tal como é. Quando se trata do amor de Deus, nada depende do que faz ou de como se comporta - não porque o merece, mas porque esta é a primeira e a última inclinação do coração de Deus.

Uma comum comparação entre justiça, misericórdia e graça di-lo bem: a justiça é obter o que merece. A misericórdia é não obter o que merece. A graça é obter o que não merece.

Jesus contou muitas parábolas para nos ajudar a reimaginar a vida do ponto de vista do reino. As parábolas não eram apenas histórias morais contadas para nos mostrar uma melhor maneira de viver. Elas ajudam-nos a entender melhor e a corrigir o nosso conceito da natureza e do coração de Deus. Pense nas parábolas da ovelha perdida, da moeda perdida e dos filhos perdidos (Lucas 15).[9] Jesus descreve Deus como um pastor que fica muito feliz, não porque noventa e nove ovelhas seguiram as regras, mas porque uma das Suas, que estava perdida, foi encontrada. Ele descreve Deus como uma mulher que vira a

---

'santo'. No entanto, isso pouco acrescenta à compreensão de Deus porque, por natureza, o amor de Deus é santo. O modificador 'santo' lembra-nos, no entanto, que Deus está além de nós como sendo diferente de nós. Deus é santo, sempre diferente de nós em natureza". Diane LeClerc, *Discovering Christian Holiness: The Heart of Wesleyan-Holiness Theology* (Kansas City, MO: Beacon Hill Press of Kansas City, 2010), 274.

8. Philip Yancey, *What's So Amazing about Grace?* 70.
9. O meu uso de "filhos" no plural é intencional. O ensino de Jesus nesta parábola parece deixar claro que os dois filhos estavam perdidos por diferentes razões - mas apenas um saiu de casa.

casa do avesso para procurar uma moeda preciosa. Quando a encontra, fica tão extasiada que faz uma festa para comemorar com os seus amigos. Então, descreve Deus como um pai apaixonado que procura no horizonte por sinais de um filho rebelde. Quando vê o errante rapaz "ainda longe" (Lucas 15:20), fica cheio de compaixão e corre para o receber em casa. Todas essas são ideias sobre a natureza e o coração de Deus. "Ser encontrado" deleita o coração de Deus! A graça supera a perambulação, a perda e a infidelidade.

Jesus contou outra parábola sobre os trabalhadores de uma vinha cujo empregador paga a todos os trabalhadores o mesmo salário, embora alguns trabalhem muito menos horas que outros (Mateus 20:1-16). Esta história não faz sentido a nível económico. Parece uma prática empresarial imprudente. Este tipo de comportamento imprudente de um empresário corre o risco de alienar os funcionários que mais trabalham e incentivar a preguiça dos menos motivados. No entanto, esta não é uma parábola sobre as melhores práticas de negócio; é uma parábola sobre a extravagante graça de Deus. A graça não é uma equação matemática que regista as horas dos funcionários, segue princípios contabilísticos ou recompensa os trabalhadores mais esforçados A graça não é sobre quem merece ser pago; trata-se de pessoas que não merecem receber presentes de forma nenhuma. Se isso é escandaloso para os seus ouvidos e ridículo para o seu senso comum, então, está a começar a entender a questão da graça.

A Graça é Pessoal

Podemos falar da experiência da graça porque ela é profundamente pessoal e relacional. A graça é pessoal por duas razões importantes. Primeiro, a graça não é uma coisa. Não é uma mercadoria. Não é uma substância sagrada derramada em nós como o "óleo de motor cristão" para ajudar o nosso "motor" do discipulado a funcionar com mais eficiência. A graça é pessoal porque chega-nos na pessoa de Jesus Cristo, que disse: "Eu sou o caminho, a verdade e a vida".[10]

Thomas Langford, um teólogo da tradição wesleyana, sustenta que, ao longo da história da igreja, houve uma luta entre dois entendimentos da graça:

> Por um lado, a graça tem sido pensada como algo, algo que Deus possui e pode dar, e talvez algo que as pessoas possam aceitar e possuir; ou, em termos mais amplos, alguma atmosfera, energia ou poder que representa a acção de Deus e providencia um contexto circundante para a vida humana. Por outro lado, a graça foi identificada com "alguém"; a graça é uma pessoa, a graça é Deus - Deus presente para com os seres humanos. Falar da graça é falar da presença de Deus e da interacção cuidadosa com a criação. Nesse entendimento, as considerações sobre a graça são baseadas em reflexões sobre a vida, a morte e a ressurreição de Jesus. Jesus Cristo é graça; a graça é Jesus Cristo.[11]

Estou impressionado com o poder da pesada declaração de Diarmaid MacCulloch na sua monumental história do cristianismo: "Uma pessoa, não um sistema, capturou [Paulo] nos misteriosos eventos no caminho para Damasco".[12] Saulo de Tarso - que passou a ser conhecido como o apóstolo Paulo - não estava preparado para essa surpreendente revelação. O seu compromisso tinha sido com uma religião, um sistema definido, uma tradição, uma lei. Ele conhecia-a demasiado bem. Ele era seu defensor treinado e apaixonado - mas foi uma pessoa que o mudou. Essa pessoa era Jesus de Nazaré, a quem Paulo mais tarde identificaria como Cristo e Senhor.

---

10. Quando o Evangelho de João fala do Espírito Santo como "outro" consolador, significa que o Espírito da Verdade continuará o ministério de Jesus, a Verdade (14:6, 16–17).
11. Langford, *Reflections on Grace*, 18.
12. Diarmaid MacCulloch, *Christianity: The First Three Thousand Years* (New York: Penguin Books, 2009), 9.

O sistema anterior de crenças de Paulo era a total adesão à lei. Após a experiência na estrada de Damasco (Actos 9:1–22), ele viu as coisas de forma diferente. Ainda acreditava que a lei era boa - mas incompleta. Quando conheceu a pessoa, virou o seu foco do que era bom (a sua herança judaica) para alguém incomparavelmente melhor: Jesus Cristo. Através da experiência de um encontro íntimo com Cristo, ele descobriu uma justiça que não era dele.[13]

Paulo acreditava que o relacionamento do crente com Cristo (a pessoa) poderia tornar-se tão íntimo que fala dele como "unidade em Cristo", indicando uma união total. A unidade não era um conceito abstracto, greco-romano e platónico para Paulo. Jesus Cristo era (é) um ser humano real nos últimos tempos e espaços históricos. Ele não é apenas como nós na Sua humanidade, mas é - como aquele que Paulo conheceu na estrada de Damasco - uma pessoa ressuscitada e transcendente cuja vida, morte, ressurreição e ascensão reverteram a catástrofe do nosso pecado e queda (1 Coríntios 15:22).

Num sentido muito real, a mudança de nome de Saulo para Paulo foi mais do que uma conversão - foi um despertar: "algo como escamas caiu dos seus olhos e a sua visão foi restaurada" (Actos 9:18). Foi uma regeneração. Paulo recebeu um presente puro e inalterado que não podia ganhar nem merecer. Agora, ele podia ver para onde a lei tinha estado a apontar o tempo todo - para uma pessoa. É por isso que escreveria mais tarde: "nós pregamos a Cristo crucificado, que é escândalo para os judeus e loucura para os gregos. Mas, para os que são chamados, tanto judeus como gregos, lhes pregamos a Cristo, poder de Deus e sabedoria de Deus" (1 Coríntios 1:23–24). Isto era escandaloso para quem estava vinculado à lei e tradição judaicas, e loucura para quem estava absorvido na elite da cultura grega e nas visões filosóficas do mundo ocidentais. Mas, para aqueles que podiam

---

13. Dikaioun, "ser feito justo" (ou na frase que ficou famosa pela Reforma Protestante no século XVI, "ser justificado"), denota que há uma graça que vem de fora de nós mesmos.

acreditar que Jesus era o Cristo de Deus (em grego, *christos* significa "ungido"), pela graça de Deus, Ele tornou-Se a sua salvação.[14]

Os primeiros cristãos não pregaram um sistema nem uma religião. Eles proclamaram uma pessoa. Para o Islão, a Palavra tornou-se um livro (Alcorão); para o cristianismo, o Verbo fez-Se carne (João 1:14).[15] Um ser humano, o eterno, único Deus, tornou-Se uma pessoa - encarnação. Os primeiros cristãos não desistiram das suas vidas por uma teoria, princípio ou força vital. Foi para e por causa de uma pessoa - uma pessoa real que foi realmente crucificada e sepultada, que realmente ressuscitou dentre os mortos como os primeiros frutos da nova criação, que realmente subiu ao céu e que vai mesmo voltar.

Não conheço ninguém que descreva isto de maneira mais articulada do que Dietrich Bonhoeffer: "Com uma ideia abstracta, é possível entrar numa relação de conhecimento formal, entusiasmar-se com ela e talvez até colocá-la em prática; mas nunca pode ser seguida em obediência pessoal. O cristianismo sem o Cristo vivo é inevitavelmente um cristianismo sem discipulado e o cristianismo sem discipulado é sempre um cristianismo sem Cristo".[16]

Portanto, a jornada da graça não é seguir um sistema, um livro, um *Manual*, uma denominação ou uma tradição. Seguimos, adoramos e servimos a Jesus Cristo. A graça é o resultado de todos os benefícios da vida, ministério, morte, ressurreição e ascensão do Jesus pessoal, que agora é Cristo e Senhor.

Um relato cristocêntrico (centrado em Jesus) da graça não deve negligenciar uma teologia trinitária da graça mais robusta (Deus como Criador e Pai; o poder do Espírito Santo na vida do crente). Entender a graça como pessoa é lembrar que tudo o que conhecemos

---

14. *Strong's Concordance of the New Testament* indica que charis, "graça", aparece pelo menos oitenta e oito vezes nas cartas de Paulo às igrejas do primeiro século.
15. Agradeço a Daniel Gomis, director regional da Igreja do Nazareno para África, por esta importante distinção.
16. Dietrich Bonhoeffer, *The Cost of Discipleship* (New York: Macmillan Company, 1949), 63–64.

pessoalmente sobre Deus é revelado mais claramente na vida, ensino e experiência da pessoa que Deus escolheu para se tornar conhecida. O objectivo de todo discipulado cristão é moldar os que recebem a graça à imagem e semelhança de Jesus Cristo. A graça não é algo - a graça é uma pessoa.

Essa afirmação leva-nos à segunda razão pela qual a graça é pessoal: a graça chega a cada pessoa de acordo com a sua necessidade ou capacidade específica de recebê-la. Cada pessoa recebe e apropria-se da graça de forma única.

Tenho muitos amigos, mas relaciono-me com eles de formas diferentes, porque cada um é único. Tenho três filhos e, embora os ame todos da mesma forma, não posso tratá-los da mesma forma. Eles são todos diferentes, por isso, a minha abordagem parental deve adaptar--se a cada um. Esta é a maneira amorosa de ser um amigo e ser um pai.

Da mesma forma, a graça é apropriada e recebida exclusivamente por cada pessoa, porque experimentamos a graça num relacionamento pessoal com o Deus trino, que nos foi dado pelo Pai, estendido por Jesus Cristo e capacitado pelo Espírito Santo. A graça é pessoal porque chega até nós numa pessoa, personalizada de acordo com as nossas necessidades. À medida que Deus Se entrega mais a nós, mais graça é dada.

A Graça é Dispendiosa

Dietrich Bonhoeffer lembra-nos que, embora a graça seja livre, ela não vem sem um custo. Num parágrafo penetrante do seu livro mais conhecido, *The Cost of Discipleship [O Custo do Discipulado]*, Bonhoeffer destaca a diferença entre a graça barata e graça custosa como a falta de exigência por um discipulado real ou uma expectativa acerca dele: "A graça barata é uma graça sem discipulado, uma graça sem a cruz, uma graça sem Jesus Cristo, vivo e encarnado".[17]

---

17. Dietrich Bonhoeffer, *The Cost of Discipleship*, 47–48.

Além disso, Bonhoeffer afirma sem rodeios que a graça barata é o "inimigo mortal da nossa igreja", "o inimigo mais amargo do discipulado" e "tem sido a ruína de mais cristãos do que qualquer mandamento de obras".[18] Pode-se dizer que se é justificado apenas pela graça como um presente de Deus, mas o fruto de uma vida justificada é aquele que deixou tudo e seguiu a Cristo.[19] E a razão, Bonhoeffer aponta correctamente, é que quando alguém ouve a chamada de Jesus para O seguir, a resposta dos discípulos é primeiramente um acto de obediência antes de ser uma confissão doutrinária de fé (Marcos 2:14).[20]

Bonhoeffer continua a descrever como a graça é dispendiosa e porque é que um discipulado completo e totalmente rendido é a única resposta apropriada.

> A graça é dispendiosa porque nos chama a seguir e é graça porque nos chama a seguir Jesus Cristo. É dispendiosa porque custa a vida e é graça porque dá ao homem a única vida verdadeira. É dispendiosa porque condena o pecado e é graça porque justifica o pecador. Acima de tudo, é dispendiosa porque custou a Deus a vida do Seu Filho: "Foste comprado por um preço" e o que custou muito a Deus não pode ser barato para nós. Acima de tudo, é graça, porque Deus não considerou o Seu Filho demasiado dispendioso para pagar pela nossa vida, mas entregou-O por nós. A graça dispendiosa é a Encarnação de Deus.[21]

A vida do discipulado é uma jornada de graça. Começa com a graça, é fortalecida pela graça e é infundida com graça do início ao fim. Não há verdadeiro discipulado a menos que sigamos e obedeçamos ao caminho de Jesus. A graça de Deus pode ser recebida como um presente - de forma gratuita - mas não pode permanecer à parte das exigências do discipulado.

---

18. Dietrich Bonhoeffer, *The Cost of Discipleship*, 45, 55, 59.
19. Dietrich Bonhoeffer, *The Cost of Discipleship*, 55.
20. Dietrich Bonhoeffer, *The Cost of Discipleship*, 61.
21. Dietrich Bonhoeffer, *The Cost of Discipleship*, 47–48.

A Graça é Maravilhosa

Philip Yancey relata uma cena do filme *The Last Emperor* [*O Último Imperador*], do jovem ungido como o último imperador da China. Ele vive uma vida de luxo com muitos servos sob seu comando.

"O que acontece quando erras?" - pergunta o irmão.

"Quando erro, alguém é punido" - responde o imperador. Para demonstrar, o menino imperador parte um precioso artefacto e um dos servos é espancado pela transgressão.[22]

Esse era o costume antigo dos reis e imperadores. Não era justo nem misericordioso. Então, chegou alguém de outro mundo. Ele era um Rei que trouxe um novo significado ao conceito de autoridade. Ele reverteu a antiga ordem e inaugurou um novo reino. Quando os seus servos caem no pecado, este Rei recebe o que lhes é devido. Yancey reflecte: "A graça é livre apenas porque o próprio doador suportou o custo".[23]

Isso não é justiça ou misericórdia - é graça. Graça dispendiosa. Talvez seja por isso que ainda gostamos de cantar a música de Newton. A graça é maravilhosa.

Então, como é que a graça extravagante de Deus se manifesta nas nossas vidas diárias? Uma coisa é saber o que ela significa. É óptimo saber que Deus nos ama desta forma, mas que diferença é que isso faz na minha vida? Qual é a aparência da graça quando olho para ela? O que é que a graça faz quando a experimento? Que diferença é que a graça faz na minha vida quotidiana?

A graça é experimentada de maneiras multifacetadas, diferenciadas e diversas. O restante deste livro explorará as múltiplas expressões da jornada da graça.

---

22. Yancey, *What's So Amazing About Grace?*, 67.
23. Yancey, *What's So Amazing About Grace?*, 67.

△
O CAMINHO

Através da graça que busca (também chamada graça preveniente) Deus vai à nossa frente para abrir caminho e para nos atrair a um relacionamento.

2
A GRAÇA QUE BUSCA*

Porque o Filho do homem veio buscar e salvar o que se havia perdido.
—Lucas 19:10

O discipulado é semelhante a uma longa obediência na mesma direcção - com Jesus como nosso guia e companheiro.[1] Chamamos a isso uma jornada de graça. A jornada da graça é sempre dinâmica porque é relacional até ao âmago. Caminhar pela fé é mais aventura do que labuta, mais deleite do que dever, com cada passo da jornada do discipulado imerso na graça de Deus. Experimentamos a graça de Deus de maneiras diferentes através dos vários períodos das nossas vidas. Embora essas facetas da graça nem sempre sejam sequenciais (seguindo uma ordem específica), elas são diferenciadas de acordo com os diversos propósitos que cumprem nas nossas jornadas de discipulado.[2]

---

1. A frase "uma longa obediência na mesma direcção" é emprestada de um livro sobre discipulado de autoria do pastor-teólogo Eugene Peterson, *A Long Obedience in the Same Direction: Discipleship in an Instant Society* (Downers Grove, IL: InterVarsity Press, 1980).
2. Embora a graça possa não ser experimentada sequencialmente, os teólogos referem-se a uma ordem de salvação *(ordo salutis)*. No entanto, Diane LeClerc destaca

* Partes deste capítulo são incluídas e adaptadas do capítulo do autor, intitulado "The Grace That Goes Before: Prevenient Grace in the Wesleyan Spirit", de David A. Busic, em *Wesleyan Foundations for Evangelism*, ed. por Al Truesdale (Kansas City, MO: The Foundry Publishing, 2020). Foram usadas com permissão.

Existem pelo menos cinco motivos das Escrituras que retratam como experimentamos a graça de Deus. Isso não quer dizer que haja diferentes classificações da graça, como se ela pudesse ser dissecada em diferentes medidas ou tipos categóricos.³ Como Jack Jackson ressalta, "a graça de Deus é singular"⁴ ou, tal como João Wesley afirma, a graça de Deus é simplesmente "o amor de Deus".⁵ Para evitar essa tendência de classificar vários tipos de graça, Wesley escolheu concentrar-se na natureza experimental da graça: "Dependendo do estágio de discipulado, as pessoas experimentam a graça de Deus de maneira diferente. As pessoas que se encontram no estado de natureza (pré-cristão) experimentam a graça de forma preveniente; uma vez despertados, experimentam a graça de maneira convincente e justificativa; e então, finalmente, uma vez justificados, experimentam a graça a trabalhar para santificar as suas mentes e corações."⁶ A descrição de Jackson da teologia de Wesley aqui é lindamente escrita, lógica e ainda assim flexível, distinguindo entre a graça como uma coisa e como uma jornada relacional que inclui circunstâncias e experiências

---

um ponto importante: "Como é frequentemente considerado uma série de etapas na vida cristã, alguns estudiosos preferem a *via salutis*, ou meio de salvação, para enfatizar a fluidez de um estágio para outro". Em *Discovering Christian Holiness: The Heart of Wesleyan-Holiness Theology* (Kansas City, MO: Beacon Hill Press of Kansas City, 2010), 315.

3.. Esta foi uma questão importante no último capítulo. A graça não é uma coisa - a graça é uma pessoa e é pessoal. Tom Noble sugere que a tendência de tratar a graça como uma força ou uma substância objectiva veio do agostinismo medieval. Surgiram diferentes tipos de graça que poderiam ser infundidos nos cristãos. A tendência expandiu-se no escolasticismo protestante do século XVII. "Esse modelo escolar de graça traz os seus próprios problemas, particularmente uma tendência de despersonalizar a acção de Deus, substituindo a acção pessoal do Espírito por essa substância impessoal chamada 'graça'". T. A. Noble, *Holy Trinity: Holy People: The Theology of Christian Perfecting* (Eugene, OR: Cascade Books, 2013), 100.

4. Jack Jackson, *Offering Christ: John Wesley's Evangelistic Vision* (Nashville: Kingswood Books, 2017), 53.

5. John Wesley, Sermon 110, "Free Grace," *Sermons III: 71–114*, vol. 3 in *The Bicentennial Edition of the Works of John Wesley* (Nashville: Abingdon Press, 1986), 3.544, par. 1.

6. Jackson, *Offering Christ*, 53.

da vida, compromissos divinos e tempo providencial. A graça é uma pessoa e é estendida de formas pessoais.

Com isso em mente, oferecemos os seguintes motivos para nos ajudar a entender melhor como muitas vezes experimentamos o amor de Deus na jornada da graça, reconhecendo que não são tipos diferentes de graça, mas maneiras diferentes pelas quais podemos experimentar Deus como graça personificada ao longo das nossas vidas.[7]

- A Graça que busca
- A Graça Salvadora
- A Graça Santificadora
- A Graça Sustentadora
- A Graça Suficiente

Nos capítulos seguintes, examinaremos cada um destes motivos em detalhe, bíblica, teológica e experimentalmente. Começamos pela graça que busca.

A graça que Vai Adiante de Nós

A graça de Deus não começa no momento da nossa salvação. Ela precede até a consciência da nossa necessidade de Deus. Nós não buscamos Deus naturalmente; pelo contrário, Deus procura-nos. O termo teológico para esta acção, através da qual Deus procura aproximar-Se, é graça preveniente. A graça preveniente significa simplesmente que Deus vem até nós antes de chegarmos a Ele. A graça de Deus busca-nos e chega onde estamos.

---

[7]. Seguindo o entendimento de William Greathouse e H. Ray Dunning sobre a "salvação" como um termo teológico com amplas conotações: "[Salvação] abrange toda a obra de Deus direccionada para restaurar o homem ao seu estado perdido. Começando com a salvação inicial, inclui todos os aspectos dessa restauração, incluindo a salvação final ou a 'glorificação'". William M. Greathouse and H. Ray Dunning, *An Introduction to Wesleyan Theology* (Kansas City, MO: Beacon Hill Press of Kansas City, 1982), 75. Além disso, Greathouse e Dunning explicam que a salvação não se localiza num evento ou numa experiência singular: "O Novo Testamento fala da salvação em três tempos: passado (foi), presente (está a ser) e futuro (será)".

Às vezes, os cristãos começam o testemunho da sua experiência de conversão com uma declaração sobre como "chegaram a Cristo", num certo lugar ou numa certa idade. Estas são tentativas genuínas de recontar um tempo e um local específico quando tiveram um encontro com Deus e experimentaram um novo nascimento em Cristo. No entanto, a expressão "chegar a Cristo" não é exactamente preciso, porque ninguém nunca chega a Jesus Cristo. Jesus Cristo vem até nós. Numa carta muito importante escrita aos primeiros cristãos gentios, o apóstolo Paulo diz: "E vos vivificou, estando vós mortos em ofensas e pecados, em que noutro tempo andastes segundo o curso deste mundo, Mas Deus, que é riquíssimo em misericórdia, pelo seu muito amor com que nos amou estando nós ainda mortos em nossas ofensas, nos vivificou juntamente com Cristo (pela graça sois salvos)"(Efésios 2:1-2, 4–5). Preste especial atenção a uma palavra que Paulo repete para dar uma ênfase especial: mortos. Paulo leva isso muito a sério! Ele não diz que estávamos "doentes" nos nossos pecados ou "presos" neles. Não. Nós estávamos mortos nos nossos pecados.

Segundo a Bíblia, existem três tipos de morte: física, espiritual e eterna. Paulo está a descrever a morte espiritual. Estávamos a viver, respirar e a passar pelos movimentos da vida, mas estávamos espiritualmente mortos por causa do pecado. Uma pessoa pode estar fisicamente viva e passear, mas por dentro ela não consegue responder às coisas espirituais porque não tem sensibilidade espiritual. É por isso que alguém que está espiritualmente morto não se conecta à verdade espiritual. Não é mais real, para eles, do que um olfacto para uma pessoa morta. As pessoas mortas não respondem, desconectam-se dos outros e desconhecem o que as rodeia.

Paulo diz que estávamos todos nesta condição de mortos-vivos. Da mesma forma como os mortos não podem responder a estímulos externos, nenhuma pessoa espiritualmente morta pode "chegar a Cristo" pela sua própria força. A ajuda deve vir de fora. Portanto, de acordo com Paulo e outras passagens bíblicas, Deus intervém na nossa situação desesperada e faz algo por nós que não podemos fazer por nós mesmos: Deus chega onde estamos. Pelo poder do Espírito Santo, Deus move-se na nossa direcção e desperta as nossas sensibilidades espirituais. Esta realidade leva a um pensamento profundo: até a nossa capacidade de dizer não aos sussurros de Deus só é possível porque a graça preveniente de Deus já nos encontrou. Apenas somos livres para responder a Deus porque Deus libertou a nossa consciência espiritual para o fazer. Um movimento de graça sobre nós precede qualquer resposta a Deus.

A "Bela Adormecida" é um conto de fadas famoso sobre uma princesa que está enfeitiçada por uma rainha má. A princesa permanece num perpétuo estado de sono e a única maneira de ser despertada é se o príncipe vier e beijá-la. Esse beijo despertá-la-á do seu estado de coma e resgatá-la-á da sua condição sem esperança. Embora seja apenas um conto de fadas, é simbólico de como a graça preveniente funciona. A Bíblia diz que cada alma humana está num tipo de sono de morte espiritual da morte e que somos incapazes de nos trazer à consciência espiritual. Então, o Príncipe chega e beija-nos, o feitiço é quebrado e somos despertados para novas realidades desconhecidas. Assim, como o pai apaixonado de Lucas 15 corre para o filho desgraçado no fim do caminho, este beijo representa a graça preveniente. Leia novamente estas palavras da parábola através das lentes da graça preveniente: "E, levantando-se, foi para seu pai; e, quando ainda estava longe, viu-o seu pai, e se moveu de íntima compaixão e, correndo, lançou-se-lhe ao pescoço e o beijou. 'Porque este meu filho estava morto, e reviveu, tinha-se perdido, e foi achado'. E começaram a alegrar-se" (Lucas 15:20, 24).

João Wesley e a Graça Preveniente

O nosso ancestral teológico João Wesley tinha muito a dizer sobre a graça preveniente. Embora ele não acreditasse que o discipulado real começasse até depois da conversão, ele sustentava que a graça de Deus trabalha antecipadamente, despertando nas pessoas o desejo de começar a buscar a Deus, cujo desejo marca o início do despertar.[8] Buscamos a Deus apenas porque Deus nos busca primeiro.

João Wesley não foi o primeiro a abraçar a ideia do poder da graça preveniente estendido a todas as pessoas, mas certamente acrescentou a sua própria distinção na ordem da salvação.[9] Às vezes, referindo-se a ela como "graça preveniente", Wesley acreditava que, desde o nascimento, a graça de Deus está activa em todas as pessoas, buscando atraí-las para a vida eterna em Jesus Cristo. Isso é verdade mesmo que nunca tenham ouvido o Evangelho a ser proclamado. A presença e a acção prévia de Deus através do Espírito Santo é a graça que "antecede" o ouvir as boas novas, o despertar espiritual e a conversão.

Ninguém é um estranho à graça de Deus e todos são alvo do cortejo do Espírito de Jesus. Como seres humanos caídos, "mortos nas nossas transgressões e pecados" (Efésios 2:1), somos tornados incapazes de chegar a Deus pelas nossas próprias forças. Portanto, Deus é sempre o primeiro na cena do despertar, conversão e transformação de vida. Chamamos a actividade inicial do Espírito Santo de "preveniente" porque precede sempre a nossa resposta. Pode-se chegar à fé em Jesus Cristo, mas nunca ninguém "chega a Cristo" a menos que Deus primeiro os atraia e os capacite. Jesus disse aos seus discípulos que seria a obra do Espírito Santo (João 16:5-15; ver também João 6:44).

Como Lovett Weems coloca, "Deus procura-nos mesmo antes de O buscarmos. A iniciativa da salvação está com Deus desde o começo. Antes de darmos um passo, Deus está lá".[10] A graça não é

---

8. Jackson, *Offering Christ*, 43–44. Ver também Randy Maddox, *Responsible Grace: John Wesley's Practical Theology*, (Nashville: Kingswood, 1994), p. 8.
9. Na tradição católica, a "graça actual" é dividida em duas partes: "graça preveniente operacional" e "graça cooperante subsequente".
10. Lovett H. Weems, Jr., *John Wesley's Message Today* (Nashville: Abingdon Press, 1991), 23.

irresistível, mas ninguém fica sem o convite de um relacionamento pessoal com Deus. O que isto significa para quem segue a tradição wesleyana de santidade, isto significa que, ao partilhar o Evangelho, nunca encontra um contexto moralmente neutro. Não há pessoas que encontremos que não tenham sido afectadas pela graça preveniente. Certamente, alguns serão mais resistentes ou receptivos que outros, mas podemos ter a certeza de que Deus tem estado fielmente activo nas suas vidas muito antes de chegarmos à cena. O príncipe precedeu a nossa entrada no estágio da sua vida.

A oferta da salvação de Deus não é coerciva. Pela sua natureza, o amor recíproco (a base do verdadeiro relacionamento) exige a liberdade de aceitar ou rejeitar o amor oferecido. No entanto, a graça preveniente precede a nossa resposta e possibilita-a. Essa é a ordem da redenção e o começo do discipulado. Deus inicia; nós respondemos. A graça acontece sempre primeiro.

Desenvolver o que Deus está a Fazer em Nós

Todo o Novo Testamento presta testemunho e os escritos do apóstolo Paulo enfatizam especialmente que "quando uma pessoa crê em Jesus como Senhor ressuscitado, esse evento é em si um sinal que o Espírito está a trabalhar através do Evangelho, e que, se O Espírito iniciou aquela 'boa obra' da qual essa fé é o primeiro fruto, pode-se confiar que terminará essa obra".[11] No entanto, essa garantia não nega a importância da participação humana. O relacionamento implica cooperação.

Paulo enfatiza quem começa e termina a jornada da graça: "Tendo por certo isto mesmo, que Aquele que em vós começou a boa obra a aperfeiçoará até ao dia de Jesus Cristo" (Filipenses 1:6).[12] Além disso, o discípulo (e igreja) de Jesus deve operar a sua salvação "com temor e tremor; porque Deus é o que opera em vós tanto o querer como o

---
11. N. T. Wright, *Paul: A Biography* (San Francisco: HarperOne, 2018), 96.
12. Observe que Deus é tanto o iniciador como o facilitador da jornada da graça.

efectuar, segundo a sua boa vontade" (2:12-13).[13] Devemos, pela graça, desenvolver, no mundo, o que Deus está a fazer em nós. Os exemplos bíblicos úteis são abundantes.

Deus chegou a Abraão num lugar chamado Ur dos Caldeus (agora chamado Irão). Deus iniciou a chamada dizendo: "E far-te-ei uma grande nação, e abençoar-te-ei e engrandecerei o teu nome; e tu serás uma bênção" (Génesis 12:2). Quem chegou primeiro? Deus. Quem começou a boa obra em Abraão? Deus. Contudo, Abraão teve que responder em obediência para desenvolver, no mundo, o que Deus estava a trabalhar nele. Deus veio a Jacob num sonho revelando uma escada para o céu (Génesis 28:10-22) e depois lutou com Jacob no rio Jaboque (32:22-32). Quem chegou primeiro? Deus. Quem começou a boa obra em Jacob? Deus. No entanto, Jacob teve de desenvolver o que Deus estava a fazer nele.

Moisés estava num lugar distante de qualquer outro conhecido. Deus chegou a ele através de um arbusto em chamas e chamou-o para resgatar o Seu povo da escravatura no Egipto (Êxodo 3:1–4:17). Quem chegou primeiro? Deus. Quem começou a boa obra em Moisés? Deus. No entanto, Moisés teve que desenvolver o que Deus estava a fazer nele.

O Cristo vivo apareceu a Saulo (ou cercou-o) no caminho de Damasco (Actos 9:1-19). Saulo não estava à procura de Deus. Ele estava numa missão para perseguir os cristãos. Quem chegou primeiro? Deus. Quem iniciou a boa obra em Saulo (que rapidamente se tornou Paulo, missionário aos gentios)? Deus. No entanto, como Paulo diria mais tarde na sua carta à igreja filipense, teve que desenvolver o que Deus estava a fazer nele.

O eunuco de África numa estrada deserta na Judeia (Actos 8), Cornélio através de uma visão às três da tarde (Actos 10), Lídia à beira do rio (Actos 16): o que têm todos eles em comum? Estas e muitas

---

13. Adiciono aqui "a igreja" porque a palavra "vocês" está no plural.

outras histórias semelhantes mostram pessoas a responder com fé ao Deus que chegou primeiramente a elas. Todos estavam a desenvolver o que Deus estava a fazer neles.

Existe um padrão consistente de Deus a agir com graça preveniente e pessoas que respondem em fé. A missióloga britânica Lesslie Newbigin disse: "Fé é a mão que agarra a obra consumada de Cristo e a torna minha". Não elimina a necessidade de resposta, mas a graça preveniente vem sempre em primeiro lugar. Mesmo Agostinho, que era um firme defensor da predestinação, afirmou: "Aquele que nos fez sem nós mesmos, não nos salvará sem nós mesmos".[14]

Providência e Prevenção

Há uma diferença entre graça providencial e graça preveniente. A providência é como Deus garante o sustento da Sua criação, incluindo os seres humanos.[15] Deus "fornece" ou "cuida" (Génesis 22:8, 14) o que é necessário para sustentar o mundo e prover para pessoas individuais.

Como é que a providência de Deus intersecta a vida de cada pessoa é um mistério profundo. Quando, onde e em que família uma pessoa nasce é uma questão de providência. Porque é que uma pessoa nasce numa família hindu na Índia em 1765, enquanto outra pessoa nasce numa família cristã em Moçambique em 2020, são questões de providência. A providência de Deus carrega vários graus de responsabilidade espiritual. Aquele a quem é dado a oportunidade de ouvir o Evangelho ao longo da vida será julgado de maneira diferente do que nunca ouviu acerca do nome de Jesus. A parábola de Jesus do servo

---

14. Citado em John Wesley, *The Works of the Rev. John Wesley* (Kansas City, MO: Nazarene Publishing House, n.d.; and Grand Rapids: Zondervan Publishing House, 1958, concurrent editions), VI, 513.
15. A palavra "providência" vem de duas palavras latinas: *pro*, que significa "encaminhar" ou "em nome de;" e *videre*, que significa "ver". A providência às vezes é distinguida em duas categorias: "providência geral", o cuidado de Deus pelo universo; e "providência especial", a intervenção de Deus na vida das pessoas.

fiel e sábio é sobre mais do que posses materiais - envolve mordomia da graça de Deus. "E, a qualquer que muito for dado, muito se lhe pedirá, e ao que muito se lhe confiou, muito mais se lhe pedirá" (Lucas 12:48). Nem todos têm a mesma oportunidade e o mesmo terreno em que se apoiar. Alguns recebem mais e outros recebem menos. Com o presente de "mais", surge uma maior exigência por uma resposta. Essas são questões acerca da providência divina.

Se a providência é o lugar onde Deus nos coloca, a prevenção descreve as maneiras multifacetadas com que Deus se encontra connosco. Todos recebem a mesma graça que antecede a salvação. No entanto, as oportunidades de resposta diferem. Deus estende-Se persistente e pacientemente a todos. Esta crença distingue o cristianismo de outras religiões do mundo que ensinam que Deus responderá se os humanos forem primeiro ao Seu encontro. O cristianismo inverte a ordem: Deus age sempre primeiro, permitindo assim a resposta.

Deus inicia a boa obra de graça e paz. A redenção e a nova criação começam sempre com a iniciativa de Deus. Nada o revela mais do que a convicção de que o Pai enviou Jesus Cristo ao mundo. Deus age sempre primeiro. O Espírito Santo de Deus desperta as pessoas para a necessidade de salvação, convence-as do pecado e aplica a expiação de Cristo quando elas respondem com fé.

Para João Wesley, o despertar espiritual é mais do que mera consciência: "Não há homem, a menos que extinga o Espírito, que seja totalmente desprovido da graça de Deus. Nenhum homem que vive é inteiramente destituído do que é vulgarmente chamado de consciência natural. Cada homem tem alguma medida dessa luz (...) que ilumina cada homem que vem ao mundo. E cada pessoa (...) sente-se mais ou menos desconfortável quando age de maneira contrária à luz da sua própria consciência. Então, ninguém peca porque não tem graça, mas porque não usa a graça que tem".[16] Uma consciência inquieta,

---

16. Wesley, *Works*, VI, 512.

o aumentar da consciência acerca do certo e do errado e o despertar da consciência espiritual, são presentes graciosos de Deus para todos. Essa confiança tem implicações importantes para o evangelismo no espírito wesleyano.

A Graça Preveniente e o Evangelismo

Uma vez conheci um grupo de pastores cristãos que vive num lugar onde é difícil ser seguidor de Cristo. É legal ser cristão, mas existem leis nacionais restritas contra o proselitismo de uma fé para outra. O evangelismo cristão aberto é severamente punido com prisão e até morte. Perguntei aos pastores como é que o evangelismo acontecia num ambiente tão hostil e perigoso. Após alguns momentos de silêncio, um pastor respondeu: "Sonhos". Não percebi, e por isso pedi que me explicasse. "Centenas de vizinhos têm tido sonhos durante a noite. O Cristo ressuscitado aparece-lhes em toda a Sua beleza e majestade. Quando acordam, eles vêm fazer-nos perguntas. "Conte-nos sobre esse homem que chega até nós durante a noite." Quando eles perguntam, é nossa obrigação responder. Não estamos a evangelizar. Estamos apenas a fornecer evidências da nossa experiência para explicar as suas experiências. Muitos deles estão a entregar as suas vidas a Cristo dessa forma".

Em lugares onde a igreja está de frente para portas fechadas, o Espírito de Deus está à nossa frente. A graça preveniente de Deus não conhece fronteiras ou barreiras. O amor de Deus alcança incansavelmente até as pessoas mais difíceis, resistentes e hostis. Elas podem nunca responder com a fé obediente, mas não podem escapar da presença penetrante de Deus que não deixa de as amar e atrair.

Essa tem sido a repetida história do *filme Jesus*. Este filme narra dramaticamente a vida de Cristo. Tem sido um instrumento eficaz da graça na vida de milhares em todo o mundo. Foi apresentado a pessoas em áreas remotas onde o nome de Jesus nunca foi falado. Conta-se a história sobre o chefe de uma tribo que se levantou durante uma apresentação e disse: "Pare! Conhecemos este homem! Ele apareceu aos nossos antepassados há muitos anos e revelou esta história de salvação. Ele disse que um dia alguém viria dizer-nos o Seu nome. E agora sabemos que o nome dele é Jesus". Embora este seja apenas um exemplo de outras histórias semelhantes, mostra que o Espírito de Deus está muito à frente da igreja, como é sempre o caso. O Espírito Santo vinha a cultivar o solo do coração das pessoas para receberem o Evangelho. A graça preveniente intersectou-se com o desígnio providencial de Deus muito antes de a igreja chegar para proclamar as boas novas. Como resultado, uma tribo inteira deposita frequentemente a sua fé em Cristo.

O evangelismo cristão não é um acto a solo nem um momento solitário. Isso acontece nas interacções relacionais estimuladas pelo Espírito Santo, que aparece antes, sempre graciosamente. Nenhum cristão pode olhar para o "espelho retrovisor da vida" e deixar de ver as maravilhosas maneiras pelas quais Deus agiu para o despertar e levá-lo ao arrependimento e fé em Cristo Jesus.

O meu pai tornou-se cristão quando era jovem através de pais adoptivos nazarenos. Eu tornei-me cristão através do exemplo de pais cristãos e de um grupo de homens que se encontravam fielmente todas as manhãs de quarta-feira para orar especificamente pela minha salvação. A sua jornada de graça é única para si. O que é igual para todos é que Deus precede-nos sempre.

O meu amigo Stephane era um ateu que frequentava uma universidade na Alemanha, onde estudava ciência robótica. O tio ateu dele falou-lhe sobre um filme chamado *The Mission*. O tio encorajou-o a ver o filme por causa da "actuação impecável e belas paisagens". O filme passa-se no século XVIII, nas selvas do nordeste da Argentina. Foi estabelecida uma missão jesuíta espanhola para alcançar as tribos indígenas guaranis para Cristo.

Stephane alugou o filme. Ele ficou especialmente comovido com uma cena em que um comerciante de escravos e mercenário chamado Rodrigo Mendoza escala uma íngreme cascata na montanha. As ferramentas do seu ofício - a sua armadura e espadas - estão amarradas às costas. Ele está a penitenciar-se pelos seus muitos pecados. Quando chega ao topo do precipício, um guerreiro da tribo que Mendoza tinha raptado e vendido como escravo, salta na sua direcção com uma faca na mão, como se fosse cortar a sua garganta. Depois de hesitar um momento, o membro da tribo corta a corda dos ombros de Mendoza e atira a mochila pesada para o fundo da cascata. Mendoza está subitamente consciente de que algo mudou esse jovem guerreiro, de uma sede de vingança para uma vontade de mostrar misericórdia.

Exausto e coberto de lama, Mendoza cai ao chão. Ele começa a chorar incontrolavelmente, não por remorsos, mas de alegria nascida de uma paz interior. É-lhe dado um santuário na vila e ele é recebido na sua comunidade. Eventualmente, Mendoza faz os votos de um padre jesuíta.

Mais tarde, Mendoza recebe um livro onde acaba por ler uma passagem sobre o significado do amor. Stephane não sabia a fonte das palavras, mas disse que eram as palavras mais poéticas e bonitas que já tinha ouvido. Elas capturaram-no tanto que viu a cena repetida e meticulosamente. Ele escreveu as palavras para não se esquecer delas. Depois, foi a uma biblioteca para pesquisar a fonte do poema. Para sua surpresa, as palavras eram da Bíblia. Ele leu repetidamente 1 Coríntios 13 - "o capítulo do amor".

Pouco tempo depois, Stephane interessou-se romanticamente por uma colega da faculdade Uma noite, ela convidou-o para o que chamou de "clube". Acabou por ser um estudo bíblico. Stephane aprendeu a Oração do Pai Nosso. Como cientista, ele acreditava na experimentação para determinar resultados lógicos. Stephane descobriu que, sempre que orava o Pai Nosso antes de ir dormir, descansava em paz. Rapidamente começou a orar antes de dormir todas as noites. Ele estava a ser despertado por um amor que busca e uma graça que chega antes.

O Deus missionário começou a responder às orações de um jovem ateu. Ele descobriu o esplendor do amor de Deus através de um filme que tem uma "actuação impecável e belas paisagens". Stephane respondeu à graça que vem antes. Ele confessou a sua fé em Cristo e começou a desenvolver, no mundo, o que Deus estava a fazer nele. Stephane é agora um missionário na Igreja do Nazareno. Tal é a graça preveniente de Deus que leva ao arrependimento e à transformação.

Crer no poder da graça preveniente faz com que seja impossível não se ficar desesperado por alguém que ainda não se tornou cristão. Nunca devemos deixar de lado a esperança acerca de alguém, porque Deus também não o faz. A confiança dos evangelistas não repousa nem neles mesmos, nem na capacidade daqueles que ouvem o Evangelho. Em vez disso, a nossa absoluta confiança é que o amor de Deus é para todos. É extravagante (Efésios 1:7), implacável e imutável. É suficiente completar o que Deus começa. Os encontros divinos aguardam!

Até onde Deus irá para alcançar uma pessoa? Apreciei a letra da música de 2017 de Cory Asbury, "Reckless Love" ['Amor Ousado'], sobre a graça de Deus que busca. A música fala sobre a graça de Deus na vida do cantor "antes de falar" e "antes de respirar". Ele descreve o "impressionante, infinito e ousado amor de Deus", que "...deixa as noventa e nove só pra me encontrar". A bridge é assim:

Traz luz para as sombras
Escala montanhas
Pra me encontrar
Derruba muralhas
Destrói as mentiras

Pra me encontrar[17]

Esmagador. Interminável. É até este ponto que Deus irá para alcançar uma pessoa.

---

17. Algumas pessoas expressaram preocupação com o uso da palavra "ousado" nesta música. Se significa descuidado, é problemático. Se significa surpreendente e extravagante, aproxima-se da descrição do amor de Deus.

△□
A VERDADE

Jesus resgata-nos do pecado e guia-nos para a verdade que nos liberta através da graça salvadora.

3
A GRAÇA SALVADORA

Porque o salário do pecado é a morte, mas o dom gratuito de Deus é a vida eterna, por Cristo Jesus nosso Senhor.
—Romanos 6:23

Certa vez, um repórter desportivo pediu ao renomado jogador de golfe Jack Nicklaus para identificar o problema mais comuns para jogadores amadores. Esperando que ele dissesse alguma coisa sobre a falta de prática ou sobre a incapacidade de arremessar bem de forma consistente, fiquei surpreso quando Nicklaus respondeu: "Excesso de confiança". Pensar que são melhores do que realmente são ou podem fazer mais do que realmente podem. Pensar que conseguem acertar entre duas árvores. Provavelmente consigo atirar a bola sobre as águas. Isto é excesso de confiança.

As pessoas fazem isto o tempo todo. Sobrevalorizam muito as suas capacidades e subestimam as suas limitações. No entanto, em lado nenhum o problema da sobrevalorização acontece com mais frequência do que no reino espiritual. Superestimamos enormemente a nossa força espiritual e subestimamos a nossa fraqueza espiritual.

Moralismo

Essa tendência de sobrevalorização espiritual é chamada de moralismo. O moralismo é a crença de que tudo está bem espiritualmente porque a pessoa leva uma vida moral decente e tem melhorado o seu comportamento. Dito de outra maneira, um moralista é alguém que acredita que é salvo pelo bem que faz e pelo mal que evita.

Todos os moralistas dizem coisas semelhantes: "Eu não sou Madre Teresa, mas também não sou tão mau assim. Tenho uma vida honesta. Pago as minhas dívidas. Não traio a minha esposa. Voto com responsabilidade. Dou algum dinheiro para a caridade. Não sou um fanático espiritual, mas também não sou tão mau assim". Por outras palavras, os moralistas seguem a linha de pensamento que lhes diz que Deus levará em conta no Dia do Julgamento o facto de que eles fazem mais bem do que mal, especialmente em comparação com outras pessoas (assassinos em série, violadores, traficantes de drogas, etc.) que são muito piores. O moralismo é galopante no nosso mundo de hoje.

Em 2004, a organização Gallup realizou uma pesquisa para descobrir o que os americanos acreditam sobre o paraíso. O que realmente chamou a minha atenção é o número de pessoas que acreditam que estão a ir para o paraíso: 77% dos que disseram acreditar no céu classificaram as suas chances de lá chegar como "boas" ou "excelentes". No entanto, de acordo com os que responderam ao inquérito, apenas seis em cada dez dos seus amigos estão a ir para o paraíso. De maior interesse para mim, especialmente no que diz respeito a um ponto de vista moralista, é que muitas pessoas na pesquisa afirmaram que "existe um paraíso onde as pessoas que tiveram boas vidas são eternamente recompensadas".[1] Enfatizo "ter boas vidas" para referir que a maioria acredita que vai para o paraíso quando morrer por causa das suas "boas vidas" e pelo seu "comportamento moral".

Diana, a princesa de Gales, morreu em 1997. Foi uma perda trágica para muitos à volta do mundo. A atenção dos media e o luto público foram extensos devido à sua popularidade internacional. Lembro-me

---

1. Albert L. Winseman, "Eternal Destinations: Americans Believe in Heaven, Hell," May 25, 2004, https://news.gallup.com/poll/11770/eternal-destinations-americans-believe-heaven-hell.aspx.

de ouvir as pessoas a falar sobre como era reconfortante saber que Diana estava agora no paraíso, que ela era um anjo a cuidar delas, e que o paraíso era um lugar melhor para ela do que este mundo. Não estou a sugerir que a Diana não esteja no paraíso, mas pergunto-me sobre o raciocínio que está por detrás de tantas pessoas a dizerem que ela está lá. Pelo que pude observar, ela era uma pessoa gentil e compassiva que usava a sua considerável influência para o bem. Ela trabalhou com os pobres, era defensora dos pacientes com SIDA e o seu activismo ajudou a aumentar a consciência sobre problemas de crianças e jovens. Ser conhecido por estas coisas maravilhosas é bom, mas são elas que nos salvam? Será que ser bom ou fazer o bem leva à salvação, ao paraíso e à recompensa eterna?

Vivemos numa era de opiniões diversas em relação a estas perguntas. Muitas pessoas sustentam que Deus classifica de forma favorável e que um pouco de bondade ajuda muito. Se pudermos acrescentar mais coisas à coluna das coisas "boas" do que à coluna das más, a balança irá, de alguma forma, pender a nosso favor, e as nossas vidas muito boas e esforços honestos compensarão a diferença. Isso é moralismo.

A Palavra de Deus é clara neste ponto, no entanto: não somos salvos pelos nossos esforços; não somos salvos pela nossa bondade; não somos salvos pelas nossas intenções. Somos salvos pela graça e a graça vem de fora de nós mesmos. A graça salvadora vem de Deus na pessoa de Jesus Cristo.

A Expiação

A cruz é talvez o símbolo mais conhecido e reconhecido no mundo de hoje. Quando vemos a cruz, somos lembrados da vida e da morte de Jesus na crucificação. A crucificação foi a forma de execução mais horrenda e torturante inventada pela humanidade. Por essa razão, uma pessoa no primeiro século acharia estranho ver pessoas modernas a usar uma cruz num fio à volta do pescoço. Se hoje víssemos uma pessoa a usar uma figura de uma cadeira eléctrica num fio, pensaríamos que era estranho porque representa um meio de punição criminal e morte. Era isso que a cruz significava para as pessoas no primeiro século. Era vergonhosa e desagradável. Era o destino de criminosos e insurreccionistas endurecidos. A crucificação era absolutamente tão assustadora que foi criada uma palavra para explicá-la. A nossa palavra em português "excruciante" significa literalmente "da cruz".

A morte por crucificação era uma maneira lenta, angustiante e pública de morrer. Não havia obscuridade. Aqueles que eram crucificados eram frequentemente gozados e ridicularizados. A multidão que assistia atirava pedras e ria-se quando os que estavam pendurados na cruz desciam lentamente para um estado de respiração profunda, difícil e ofegante. Eles acabavam por morrer de asfixia porque, pendurados em suspensão, os seus pulmões tinham dificuldade em continuar a funcionar. Às vezes, eram precisos vários dias para alguém finalmente morrer, e nessa altura, quem era crucificado não tinham um enterro humano. Em vez disso, muitas vezes eram ali deixados para que os pássaros colhessem a sua carne. Depois de ter passado tempo suficiente para que os mortos servissem de exemplo para quem desafiasse o Império Romano, o que restasse do cadáver era retirado e posto no depósito de lixo da cidade.

Não esqueçamos que Jesus foi crucificado na cruz de um criminoso, o que me leva a dizer o que até agora parece altamente peculiar: os cristãos declaram isto como boas novas. De facto, dizemos que são as melhores notícias que já ouvimos. A palavra que a Bíblia escolhe para expressar essas boas novas é "Evangelho". A cruz é o nosso Evangelho - são as nossas boas novas.

No resumo mais curto do evangelho no Novo Testamento, o apóstolo Paulo declarou: "Porque primeiramente vos entreguei o que também recebi: que Cristo morreu..." (1 Coríntios 15:3). Por si só, isso não é uma boa notícia, mas então, Paulo dá um significado teológico à morte de Cristo através de uma preposição profundamente importante, "para" nos mover de um facto trágico da história para a sua notável relevância para a nossa jornada de graça: "que Cristo morreu pelos nossos pecados, de acordo com as Escrituras". Quando o "pelos" é adicionado torna-se boas novas - as melhores boas notícias que alguma vez ouvimos.

As Escrituras apelidam o "morrer pelos nossos pecados" de expiação. A expiação foi feita através da cruz de Jesus Cristo. A doutrina da expiação começa no Antigo Testamento. O Dia da Expiação, também chamado Yom Kippur,[2] foi o dia mais sagrado do judaísmo antigo. Foi designado como um dia de arrependimento e perdão.

Imagine-o na sua mente. Imagine milhares de adoradores a unirem-se para começar o ano com os seus pecados a serem expiados e a serem lembrados da misericórdia de Deus. Naquele dia, o sumo sacerdote, representando todo o povo, trouxe dois bodes. Um bode era abatido - sacrificado como oferta pelo pecado para fazer expiação. Sangue era derramado e o animal morria.

Romanos 6:23 diz-nos que "o salário do pecado é a morte" e Hebreus 9:22 lembra-nos que "sem derramamento de sangue não há perdão dos pecados".

O primeiro bode morria de acordo com a lei. No entanto, o segundo era mantido vivo e chamado de bode expiatório. O sumo sacerdote punha as mãos na cabeça do bode expiatório e confessava sobre ele todas as maldades e pecados dos israelitas. Simbolicamente, esses pecados eram transferidos e colocados na cabeça do bode. Então, era levado para o deserto para um lugar solitário onde os pecados do povo podiam ser levados para bem longe da vista.[3]

---

2. Yom = "dia"; Kipur = "para expiar; limpar".
3. 3. A tradição diz-nos que a pessoa designada para a tarefa de libertar o bode expiatório era um gentio que não tinha ligação com o povo de Israel.

Esse ritual continuava ano após ano, década após década (ver Hebreus 10:3-4). O sangue escorria. Milhares de animais eram sacrificados num ciclo interminável de expiação para lidar com os pecados do povo. Esse é o contexto em que Jesus viveu e ministrou. Antes de considerarmos como a morte de Jesus na cruz fez expiação por todo o pecado, tornando possível a graça salvadora, vamos considerar duas questões fundamentais: O que é pecado? Porque é que precisamos da expiação pelo pecado?

O que é o Pecado?

Primeiro, pecado é rebelião. Talvez a definição mais reconhecível de pecado venha de João Wesley: "uma transgressão voluntária de uma lei conhecida de Deus".[4] O pecado é algo que é conhecido e voluntário - algo que sabemos estar errado, mas fazemos de qualquer forma porque podemos. É desobediência voluntária.

Quando 1 João 3:4 nos diz que "todo aquele que comete pecado é culpado de ilegalidade; pecado é ilegalidade," não se refere apenas ao sentido legalista, como em "violaste a lei". Tem a ver com a atitude por detrás da violação da lei. Uma analogia pode ajudar-nos a entender. Uma coisa é ultrapassar o limite de velocidade porque não sabia qual era o limite. Tecnicamente, pode estar a infringir a lei, mas não está a agir sem lei. Isso é muito diferente de uma pessoa que diz: "Esquece esses regulamentos estúpidos de limite de velocidade. Eles estão aí apenas para tentarem controlar-me. Vou fazer o que quero, porque estou no comando da minha vida". A ilegalidade é a atitude de rebelião por detrás da violação da lei - um espírito rebelde.

Quando a minha filha mais nova era pequena, ela não gostava de responder à irmã e ao irmão mais velhos quando a mãe e o pai não estavam por perto. Quando eu e a minha esposa os deixámos sozinhos, a nossa mais nova levantava desafiadora mente a sua estridente voz e

---

4. Wesley, *The Works of John Wesley*, vol. 12 (Kansas City, MO: Beacon Hill Press of Kansas City, 1978), 394. Ver também Tiago 4:17.

dizia aos irmãos: "Vocês não mandam em mim!" Embora dito com a inocência de uma criança pequena, é a atitude do coração do pecado: a auto-soberania. O pecado como rebelião sacode os nossos punhos minúsculos diante do Deus todo-poderoso e grita: "Tu não mandas em mim. Vou fazer o que quero, porque eu posso! Ninguém, além de mim, nem mesmo Deus, manda em mim".

É a recusa em aceitar o nosso papel de criaturas com o nosso Criador. É uma declaração de independência para sermos o nosso próprio deus. Esta atitude de auto-soberania não surpreende os escritores das Escrituras. "Todos nós andávamos desgarrados como ovelhas; cada um se desviava pelo seu caminho; mas o Senhor fez cair sobre ele a iniquidade de nós todos" (Isaías 53:6). Pecado é rebelião.

Segundo, o pecado também é escravatura. É mais do que auto-soberania e optar por fazer as nossas próprias coisas e seguir o nosso próprio caminho. *Hamartia* é uma palavra grega traduzida como pecado, que deriva do *verbo hamartano*, que significa "errar o alvo" ou "atirar num alvo e falhar em atingi-lo".[5] Embora tenha sido usada pela primeira vez por Aristóteles, referindo-se particularmente à falha trágica de uma personagem principal do antigo mundo grego do teatro (como mau julgamento, ignorância, falta de consciência, etc.), e também conhecido como tragédia, os escritores e pensadores da igreja primitiva utilizaram a palavra para descrever este aspecto do pecado. Portanto, biblicamente, *hamartia* pode significar um acto de comissão: "Eu sabia que não deveria fazê-lo, mas fi-lo" (ver Romanos 6:1-2); ou pode significar um acto de omissão: "Eu sabia o que deveria fazer, mas não o fiz" (Romanos 7:19; Tiago 4:17). Tanto os pecados de comissão como os de omissão falham o alvo.

---

5. William Barclay, *The Gospel of Matthew*, vol. 1 (Louisville, KY: Westminster John Knox Press, 1956), 253. Ver também H. G. Liddell, *A Lexicon: Abridged from Liddell and Scott's Greek-English Lexicon* (Oak Harbor, WA: Logos Research Systems, Inc., 1996), 4.

Aqui está como isso pode acontecer no mundo dos negócios. Por um lado, quero que Deus abençoe os meus negócios, mas também quero garantir que eles sejam bem-sucedidos. Portanto, começo a fazer algumas coisas secretamente para tentar ir adiante, mesmo sabendo que essas coisas não são éticas ou legais. As minhas esperanças entram em conflito com as minhas acções e são incompatíveis com elas. Não posso pedir a Deus que abençoe o meu trabalho sabendo que estou fora da Sua vontade moral. Isso é um pecado de comissão. Pode levar-me adiante durante um tempo, mas não terá o favor de Deus. O lado oposto da mesma moeda é que eu quero que Deus prospere o meu trabalho, mas decido reter as vantagens e benefícios justos dos meus funcionários para aumentar os meus lucros. Isso é um pecado de omissão. Contudo, seja um pecado de saber o que não devo fazer e fazê-lo de qualquer maneira, ou saber o que devo fazer e não o fazer, ambos são a mesma coisa aos olhos de Deus.

Hamartia também pode significar algo muito mais profundo. Mais do que uma acção que tomamos, o pecado é a nossa natureza - uma condição na qual nos encontramos.[6] Estamos enredados no pecado. Não só somos rebeldes por natureza, mas também não somos livres para fazer o contrário. Não só erramos o alvo, mas também não conseguiríamos acertar nele se tentássemos. Como pessoas caídas, não somos livres para fazer o que queremos. Estamos cativos no pecado.

Muitas vezes pensamos que a nossa rebelião significa que ninguém além de nós será responsável pelas nossas vidas, mas o que não percebemos é que não podemos fazer essa escolha. Serviremos alguém ou algo. Ou servimos a Deus de todo o coração, ou seremos escravizados

---

6. O povo wesleyano de santidade entende que o pecado envolve mais do que uma acção tomada. Susanna Wesley é conhecida pela sua declaração escrita numa carta ao seu filho João em 8 de junho de 1725: "Use esta regra: o que enfraquece a sua razão, prejudica a ternura da sua consciência, obscurece o seu senso de Deus ou tira o seu prazer de coisas espirituais; em resumo, o que quer que aumente a força e a autoridade do seu corpo sobre a sua mente, isso é pecado, por mais inocente que seja em si mesma."

pelas nossas paixões e comportamentos pecaminosos. Um ou outro será nosso mestre.

Sejamos honestos: o pecado pode ser divertido. Se não fosse divertido, não seria tentador. Se não fosse agradável, não seria atractivo. Talvez devêssemos parar de dizer às pessoas o quanto elas vão odeiar o pecado e como ele é realmente chato. Não é um argumento convincente. O pecado pode ser divertido - durante um tempo. No entanto, o caminho para onde o pecado sempre leva é, eventualmente, destrutivo. As consequências (salário) do pecado é o que magoa. O pecado é um círculo vicioso.

Festejar pode ser divertido. Onde elas podem levar é que não é divertido. A embriaguez não é divertida. As ressacas não são divertidas. O alcoolismo não é divertido. Os vícios não são divertidos. Os centros de desintoxicação não são divertidos. Os acidentes de trânsito não são divertidos. O abuso conjugal não é divertido. As famílias disfuncionais não são divertidas. O pecado é um círculo vicioso que leva à destruição dolorosa.

Ter relações extraconjugais com alguém pode ser divertido. Onde elas podem levar é que não é divertido. Uma consciência culpada não é divertida. As doenças sexualmente transmissíveis não são divertidas. O divórcio não é divertido. Partir o coração de alguém não é divertido. Olhar para os seus filhos nos olhos e dizer-lhes por que razão está a deixar a mãe ou o pai deles não é divertido. O pecado é um círculo vicioso que leva à destruição dolorosa.

A notável história que Jesus contou sobre o filho pródigo é um excelente exemplo do ciclo do pecado (ver Lucas 15:11-24). Um filho rebelde decide que quer estar no comando da sua própria vida. Ele diz ao pai que quer a sua herança antecipadamente (no primeiro século é o equivalente a dizer que queria que o seu pai estivesse morto), pega em todo o dinheiro e gasta-o todo numa vida luxuosa e selvagem. Ele adora o estilo de vida - durante um tempo. Então, o dinheiro desaparece e os seus amigos também. O filho encontra-se de uma forma que nunca imaginou que estaria: falido, humilhado e a viver numa pocilga. O pecado é um círculo vicioso que leva à destruição dolorosa.

Talvez seja isso que Jesus quis dizer quando afirmou: "Entrai pela porta estreita; porque larga é a porta, e espaçoso o caminho que conduz à perdição, e muitos são os que entram por ela" (Mateus 7:13).

Aqui está a grande luta da nossa natureza pecaminosa: até que ela mude, amaremos o pecado mais do que amamos a Deus porque somos escravizados pelo pecado - em escravatura para com o seu poder.[7] Nenhuma quantidade de boas intenções ou de muito esforço, nem o moralismo humanista, nos vai libertar completamente. O pecado é escravatura.

Finalmente, o pecado é alienação. "Alienação" não é uma palavra que costumamos usar, mas quando o fazemos, usamos para indicar que algo correu mal num relacionamento. O pecado não é apenas o quebrar de uma regra ou violar uma lei; também prejudica um relacionamento. O pecado separa as pessoas de Deus e umas das outras. No primeiro acto de pecado registado, os nossos ancestrais espirituais, Adão e Eva, desobedeceram a Deus. Quando o fizeram, eles imediatamente souberam que havia uma violação do seu relacionamento com Deus e entre eles próprios. Os olhos deles abriram-se e perceberam que estavam nus. Isso significa mais do que reconhecer que não tinham roupas. Eles sentiram-se envergonhados e vulneráveis; sentiram-se fracos e alienados; sentiram-se expostos. Até àquele momento, eles só conheciam a comunhão amorosa de Deus, mas no momento do seu pecado sentiram a separação de Deus. Sentiram a alienação. A comunhão deles foi destruída e isso abalou as suas

---

7. Geoffrey Bromiley ressalta o interessante facto de que a Bíblia frequentemente "personifica" o pecado para destacar o poder e o controlo que ele pode ter sobre as nossas vidas. Bromiley, *Theological Dictionary of the New Testament: Abridged in One Volume* (Grand Rapids: Eerdmans, 1985), 4.

almas. Eles sentiram a culpa do peso dos seus pecados. Em legítima defesa, fizeram algo muito revelador: tentaram cobrir a nudez e esconder-se de Deus. Já tentou encobrir a sua culpa ou esconder o seu pecado de Deus?

Deus sabia que a comunhão tinha sido quebrada e, num dos relatos mais ternos das Escrituras, Deus perguntou-lhes: "Onde estão?" (Génesis 3:9). Agora, será que Deus realmente não sabia onde é que eles estavam? Estavam eles a esconder-se tão bem atrás das árvores que Deus não conseguiu encontrá-los? Já brincou às escondidas com uma criança de três anos? Claro que Deus sabia onde eles estavam! No entanto, queria que soubessem que Ele também sentia a separação.

O homem respondeu: "Ouvi a tua voz soar no jardim, e temi, porque estava nu, e escondi-me" (3:10). Esta é a primeira vez que o medo é mencionado na Bíblia. Vê o que o pecado faz? O pecado traz medo, culpa e vergonha. O pecado traz alienação, condenação e separação. O pecado torna os amigos em inimigos. O pecado transforma intimidade em hostilidade. O pecado quebra a comunhão.

Esta é a nossa situação. O pecado é rebelião. O pecado é escravatura. O pecado é alienação. Como é que vamos pôr tudo bem novamente? O que devemos fazer com todo esse pecado?

Permita-me lembrar-lhe novamente das maiores notícias que alguma vez iremos ouvir: "Porque primeiramente vos entreguei o que também recebi: que Cristo morreu por nossos pecados, segundo as Escrituras e que foi sepultado, e que ressuscitou ao terceiro dia, segundo as Escrituras" (1 Coríntios 15:3-4). Isto é amor supremo e generoso. "Deus prova o Seu amor por nós, enquanto ainda éramos pecadores, Cristo morreu por nós" (Romanos 5:8). Enquanto ainda estávamos a pecar, Cristo morreu. "Àquele que não conheceu pecado, o fez pecado por nós; para que n'Ele fôssemos feitos justiça de Deus" (2 Coríntios 5:21). Isto é graça salvadora.

O reformador protestante Martinho Lutero é reconhecido por chamá-la de "a grande troca". A nossa morte pela Sua vida; o nosso pecado pela Sua justiça; a nossa condenação pela Sua salvação; os nossos fracassos pelo Seu sucesso; a nossa derrota pela Sua vitória. A expiação é o acto do Deus trinitário que derruba todas as barreiras que a nossa rebelião e pecado ergueram entre nós. "Nisto está o amor, não em que nós tenhamos amado a Deus, mas em que ele nos amou a nós, e enviou seu Filho para propiciação pelos nossos pecados" (1 João 4:10).

O que é que isto quer dizer? A expiação esteve sempre no coração de Deus. Todos os cordeiros, todos os sacerdotes e todos os sacrifícios no templo estavam a apontar, estavam a levar-nos a Jesus, que Se tornou o nosso grande Sumo Sacerdote e que derramou o Seu próprio sangue pelo perdão dos nossos pecados.

N. T. Wright expressa-o bem: "Ao longo de todo o Novo Testamento, esta morte é vista como um acto de amor, tanto o amor de Jesus (Gálatas 2:20) como o amor de Deus que O enviou e cuja auto-expressão corporal Ele era (João 3:16; 13:1, Romanos 5:6-11; 8:31-39; 1 João 4:9-10)."[8] Deus Pai enviou Cristo, o Filho, pelo poder do Espírito Santo, para fazer por nós o que nunca poderíamos fazer por nós mesmos.

Jesus tira os nossos pecados - passado, presente e futuro. Deus já não Se lembra deles. "Assim como está longe o oriente do ocidente, assim afasta de nós as nossas transgressões" (Salmos 103:12). A morte de Jesus na cruz quebra o poder do pecado nas nossas vidas. Fomos escravizados aos nossos pecados, em servidão e "seguindo o governante do poder do ar" (Efésios 2:2) e ao "deus deste mundo" (2 Coríntios 4:4). Através da Sua morte na cruz, Jesus entrou num combate mortal com as forças demoníacas e venceu-as de uma vez por todas.[9] Ele

---

8. N. T. Wright, *Evil and the Justice of God* (Downers Grove, IL: InterVarsity Press, 2006), 9.
9. A crença de que na cruz Jesus conquistou a vitória sobre os poderes do mal é

quebrou o poder da morte, do inferno e da sepultura. Com a vitória de Cristo na cruz, já não estamos nas garras do pecado; estamos nas garras da graça e potencialmente libertos (ver mais sobre isso no capítulo 4, sobre a graça santificadora).

Por causa da expiação de Jesus, fomos reconciliados com Deus. A nossa alienação foi retirada. A distância que havia entre nós deixou de existir. O abismo foi ultrapassado. Jesus é a nossa paz que derrubou todos os muros (Efésios 2:14). O véu do templo foi dividido em dois (Mateus 27:51). A nossa culpa, vergonha e medo de punição foram removidos. A nossa amizade com Deus foi restaurada. "Mas agora em Cristo Jesus, vós, que antes estáveis longe, já pelo sangue de Cristo chegastes perto" (Efésios 2:13). Isto é graça salvadora. Tem alguma ideia do quanto Deus a/o ama? O Pai levou o nosso pecado e culpa para o Seu próprio coração através do Filho. Embora os nossos pecados sejam muitos e sejam graves, dos quais a idolatria dos nossos corações é a de perseguir outros deuses, o nosso Deus trinitário redime-nos, torna-nos nova criação e adopta-nos na Sua família. É por isso que o perdão não é uma questão superficial! Qualquer um que diga: "É claro que Deus me perdoará - é essa a Sua função" nunca entendeu a profunda dor associada a suportar o pecado de alguém que apunhalou o seu coração. Uma cruz está no coração de Deus desde a eternidade. Deus Pai, no Seu único Filho, Jesus Cristo, pelo Espírito,

---

chamada de teoria da expiação de *Christus victor* . N. T. Wright comenta: "Estou inclinado a ver o tema de *Christus victor*, a vitória de Jesus Cristo sobre todos os poderes do mal e das trevas, como tema central da teologia da expiação, em torno do qual todos os outros significados variados da cruz encontram o seu nicho particular". Wright, *Evil and the Justice of God*, 114. Por outro lado, Fleming Rutledge argumenta com firmeza que todos os temas bíblicos da expiação trabalham juntos para formar um lindo conjunto para entender a profundidade e o mistério da cruz. "A maneira mais verdadeira de receber o Evangelho do Cristo crucificado é cultivar uma profunda apreciação da maneira como os motivos bíblicos interagem entre si e se ampliam. Nenhuma imagem pode fazer justiça ao todo; todos fazem parte do grande drama da salvação". Rutledge, *The Crucifixion: Understanding the Death of Jesus Christ* (Grand Rapids: Eerdmans, 2015), 6-7.

providenciou um caminho de salvação. Jesus entrou completamente no propósito do Pai. Ele voluntariamente deu a Sua vida por nós. Aquele sem pecado pelos pecadores. O Inocente pelos culpados. O impecável Cordeiro de Deus veio viver a vida que deveríamos ter vivido e ter a morte que merecíamos morrer.

A vida, a morte e a ressurreição de Jesus renovam todas as coisas. Não há nada mais importante do que esta verdade. É o cerne da história humana e o fundamento da nossa fé. Sem Jesus, não há perdão de pecados, nem vida eterna, nem relacionamento com um Deus bom, santo e amoroso. Pode-se punir para sempre em arrependimento pelos seus pecados. Pode quebrar o seu espírito ao tentar fazer as pazes com Deus, mas a única maneira de experimentar a redenção total e a paz permanente é quando perceber que a sua única esperança é Jesus.

Recebemos o dom da graça salvadora crendo em Deus. Lançamo-nos à mercê de Deus e depositamos a nossa fé em Cristo. Confiamos na Sua vitória conquistada na cruz; confiamos que a culpa do nosso pecado é cancelada; confiamos que o domínio da morte do pecado está quebrado; a nossa consciência é purificada; encontramos a expiação em Deus.

Existem duas maneiras de ver a expiação. Poderia dizer: "Se Deus é amor, porque precisamos da expiação?" Por outro lado, poderíamos dizer: "Deus expiou os nossos pecados - que amor!"

Como é que a Graça Salvadora Funciona

Paulo diz que um cristão é alguém que passou por uma mudança cataclísmica. Efésios 2:1-10 descreve a dramática transformação - da escravatura do pecado à liberdade em Cristo - que acontece quando alguém crê em Cristo e, portanto, é salvo. É alguém que passou da morte para a vida, da escravatura para a liberdade, da condenação à aceitação, da alienação à adopção. Agora, nos versículos 8 a 10, Paulo diz-nos como chegamos daquele ponto até aqui - como realmente nos tornamos cristãos. É um processo orgânico com três partes: somos salvos pela graça, que leva à fé, que produz boas obras. Essa é a equação e a ordem é crítica. Se errarmos a ordem, entendemos tudo mal.

Somos salvos pela graça. Examinámos extensivamente o significado da graça no capítulo 1. É bom lembrar que a graça é sempre o começo. A graça é sempre a primeira coisa. A graça desperta-nos, muda-nos e coloca-nos num relacionamento correcto com Deus e uns com os outros. Muitas pessoas pensam que são cristãs por causa do que fizeram; supõem que tudo o que precisam de fazer é ser boas pessoas e seguir os ensinamentos da Bíblia e Deus as abençoará. Isso não é graça - é moralismo. Não há evangelho em colocar a nossa esperança no que podemos fazer. A nossa salvação não tem a ver com nada do que fazemos. Tem tudo a ver com o que Deus faz. O nosso despertar, a nossa vitalidade, é tudo obra de Deus. Não somos salvos pelo que fazemos por Deus; somos salvos pelo que Deus faz por nós. É totalmente um presente.

Ouvi uma história sobre uma aluna do seminário que estava a preparar-se para fazer o seu exame final. Quando chegou à sala de aula, estavam todos amontoados nos últimos minutos. O professor entrou na sala de aula e anunciou que haveria uma breve revisão antes do teste. Grande parte da revisão veio directamente do guia de estudo, mas havia muito material adicional para o qual ninguém se tinha preparado. Foi uma surpresa desagradável para a turma. Quando alguém perguntou ao professor sobre o material extra, ele explicou que todo ele estava contido nas suas leituras e que seriam responsabilizados por todo ele. Foi difícil argumentar com essa lógica.

Finalmente, chegou a hora de fazer o teste. O professor disse: "Deixem o exame voltado para baixo nas vossas mesas até que todos tenham recebido o seu. Vou dizer-vos quando puderem começar." Quando os alunos os viraram, para seu grande espanto, todas as respostas do exame já estavam preenchidas.

Até os seus nomes já estavam escritos no topo com caneta vermelha. No final da última página estava escrito: "Este é o fim do exame. Todas as respostas no teste estão correctas. Receberás um A. O motivo pelo qual passaste no teste é porque o criador do exame o fez por ti. Todo o trabalho que fizeste na preparação não te ajudou a obter o A. Acabaste de experimentar a graça".

Tim Keller conta a história de uma conversa com uma mulher mais velha que frequentava ocasionalmente a sua igreja. Ela era educada e adequada - alguns até diriam que era decente e moral. Ela torcia o nariz ao mínimo de impropriedade ou indiscrição, mas não estava convencida de que alguém precisava de ser salvo de qualquer coisa se fosse boa pessoa. No decurso da conversa, ela disse com incredulidade: "Deixe-me ver se entendi. Está a dizer que se eu tiver uma vida realmente boa e decente e até frequentar a igreja, mas nunca receber Cristo como meu Salvador, não estarei melhor do que alguém que cometeu um homicídio? É isso que me está a dizer?"

Keller respondeu: "Basicamente, sim".

Ela respondeu: "Esta é a religião mais estúpida que eu já ouvi falar!"

Ao que Keller respondeu: "Bem, talvez ache que é a religião mais estúpida que já ouviu falar, mas para aquele assassino que se arrepende, é a melhor coisa que ele já ouviu. Aquele ex-assassino não pode acreditar que existe uma religião que tenha esperança para alguém como ele."

Embora essa história seja um pouco extrema, levanta uma questão importante. Aquela mulher adequada e moral, que tem absoluta certeza de que é melhor do que a maioria das pessoas e que acha que a essência do Evangelho é insultuosa, se não estúpida, está, ela mesma, nas garras da "carne".[10] Ela está a tentar ser decente e recta,

---

10. Para obter uma explicação detalhada do significado da "carne", consulte o capítulo 4, "Graça Santificadora".

mas está a tentar fazê-lo independentemente de confiar em Cristo para a sua salvação. Essa é a armadilha iminente da justiça própria. Reconhecendo esse grande perigo, Dietrich Bonhoeffer descreve com maestria a atitude de um cristão abraçado pela graça: "Os cristãos são pessoas que não buscam mais a salvação, a libertação, a justificação em si mesmos, mas apenas em Jesus Cristo. Eles sabem que a Palavra de Deus em Jesus Cristo os declara culpados, mesmo quando não sentem a sua própria culpa, e que a Palavra de Deus em Jesus Cristo os declara livres e justos, mesmo quando não sentem nada da sua própria justiça".[11]

Não entendemos o Evangelho até entendermos que o facto de Deus nos aceitar não se baseia no que fizemos ou iremos fazer. Está estritamente baseada na natureza e no carácter de Deus para enviar Jesus ao mundo, morrer pelos pecados do mundo e ressuscitar para a nossa salvação.

Somos salvos pela graça. Então, diz Paulo, a graça leva à fé. O que é a fé? A fé é essencialmente uma consciência e uma resposta para quem nos despertou.[12] Aqui está o essencial a ser entendido: a fé que nos salva é a fé em Cristo. A fé cristã não é a fé geral em alguns princípios. É fé que realmente houve um bebé nascido no planeta Terra que era Deus em carne, que realmente morreu numa cruz e que realmente foi ressuscitado dentre os mortos. Paulo foi inflexível neste ponto: "E, se Cristo não ressuscitou, logo é vã a nossa pregação, e também é vã a vossa fé. E, se Cristo não ressuscitou, é vã a vossa fé, e ainda permaneceis nos vossos pecados" (1 Coríntios 15:14, 17). Se Jesus realmente não morreu pelos nossos pecados e realmente não ressuscitou dentre os mortos, a nossa fé nada mais é do que uma ilusão

---

11. Dietrich *Bonhoeffer, Life Together* (New York: HarperCollins Publishers, 1954), 21–22.
12. Sou grato por esta definição num sermão pregado por Tim Keller, mas não me consigo lembrar que sermão foi.

ou um deísmo terapêutico moralista.[13] Fé em generalidades não tem sentido.

Se Paulo estivesse vivo hoje, diria assim: Se Jesus não é quem disse que é, se não é o Filho de Deus que Se torna humano, se realmente não morreu na cruz pela nossa salvação, se não ressuscitou fisicamente dos mortos, se realmente não subiu ao céu e Se sentou à direita de Deus Pai, então, deixemos de brincar à igreja. Nenhum dos princípios faz sentido por si só. Fé na fé? Fé nas generalidades? Não. Porque a fé na verdade, fé no amor e fé na justiça não nos mudarão nem nos darão nova vida. É a fé em Jesus. Não somos salvos pelas nossas obras, pela nossa bondade ou pelos nossos princípios. Somos salvos por causa de Cristo e somente Cristo. A fé n'Ele é o que importa, porque Ele é a nossa única esperança.

Então, a fé produz boas obras. As boas obras não nos salvam - nem nada que se pareça. No entanto, as boas obras fluem da nossa fé. É impossível dizer que recebemos a graça de Deus e que temos verdadeira fé bíblica se não há nada de diferente nas nossas vidas. A Bíblia é prática neste ponto. Somos salvos pela graça, mas se não há algo realmente a acontecer no nosso carácter concreto e comportamento existente, então, não é fé verdadeira. Porque, enquanto a graça leva à fé, a fé leva às boas obras. "Porque somos feitura sua, criados em Cristo Jesus para as boas obras, as quais Deus preparou para que andássemos nelas" (Efésios 2:10).

Os cristãos são obra de Deus. *Poiema* é a palavra grega para "o que Ele fez de nós", ou "obra". Esta palavra é raiz da palavra em inglês "poem". Os cristãos são exclusivamente "peoms" *de* Deus - obras de arte de Deus. A arte é bela, a arte é valiosa e a arte é uma expressão

---

13. "Deísmo terapêutico moralista" é um termo introduzido por Christian Smith e Melinda Lundquist Denton para descrever os adolescentes americanos na mudança do século XXI e a estrutura cultural resultante de como as pessoas pós-modernas pensam sobre Deus. Smith and Denton, *Soul Searching: The Religious and Spiritual Lives of American Teenagers* (New York: Oxford University Press, 2005).

do ser interior do artista. O que significa Paulo dizer que os cristãos são obras de Deus? Em Cristo, somos vistos como bonitos, valiosos e criados para ser uma expressão do nosso Criador, o Artista Divino.

No entanto, somos uma obra de arte que foi manchada e desfigurada pelo pecado. Já viu uma obra-prima marcada - a *magnum opus* de um artista mestre desfigurada? De certa forma, a beleza original da obra-prima torna numa tragédia muito maior vê-la arruinada. Se uma criança pegar num giz de cera e desenhar nos armários da cozinha, parece mau. No entanto, é muito pior se um vândalo fizer grafitis na *Mona Lisa de Leonardo da Vinci*. A grandeza e a raridade daquilo que foi desfigurado determina o nível de tragédia e o nível de horror na nossa resposta.

Há vários anos, tive a oportunidade de visitar Roma. Estava ansioso para ver a *Pietà* na Basílica de São Pedro. Consciente de ter sido esculpida por Miguel Ângelo a partir de um único bloco de mármore (a única peça que foi assinada pessoalmente por ele), queria estudá-la em primeira mão. Fiquei desapontado ao descobrir que a obra estava a uma boa distância do público, atrás de cordas e protegida por um painel à prova de balas. Porquê essas precauções? Porque em 1972, no domingo de Pentecostes, um geólogo mentalmente perturbado que afirmava ser Jesus atacou a escultura com um martelo. Os espectadores conseguiram pegar em muitas das peças de mármore que estavam a voar. Algumas foram devolvidas, mas outras não, incluindo o nariz de Maria, que mais tarde foi reconstruído a partir de uma parte de mármore cortada nas costas. Os italianos, juntamente com o resto do mundo da arte, ficaram arrasados. Como poderia a obra ser restaurada à sua beleza original? Procuraram no mundo por artesãos especializados em restauração. Depois de muito tempo, habilidade, conhecimento, trabalho e intensidade, o projecto de restauração foi concluído.[14] Poucos foram os que conseguiram reconhecer que já tinha sido danificada.

É isso que Deus faz por todos que Ele salva pela graça. Somos Sua obra-prima, a Sua amada *magnum opus*, e Ele não permitirá que o dano do pecado tenha a última palavra. Para provar o nosso valor, Deus não apenas nos refaz à imagem de Jesus Cristo, mas também nos dá um trabalho a fazer no Seu mundo. Fazemos esse trabalho porque Deus nos reformulou. Quando sabemos disso profundamente, quando realmente o compreendemos, nunca mais podemos dizer que são as nossas boas obras que nos salvam. O moralismo nunca mais poderá ser a nossa melhor resposta. As nossas boas obras são o subproduto do que Deus fez em nós. Elas reflectem a glória de Deus, não a nossa.

Aprecio as ideias que Eugene Peterson oferece na sua paráfrase da equação de graça de Paulo:

Agora Deus tem-nos onde sempre quis. Tanto neste mundo como no próximo, Ele quis derramar sobre nós graça e bondade, em Cristo Jesus. A salvação foi ideia e obra d'Ele. Tudo o que fazemos é confiar n'Ele o suficiente para permitir que Ele aja na nossa vida. É um presente de Deus do início ao fim. Não somos protagonistas nessa história. Se fosse o caso, andávamos a gabar-nos de termos feito tudo! Não! Nada fizemos, nem nos salvámos. Deus faz tudo e salva-nos Ele criou cada um de nós por meio de

---

14. Um artigo do New York Times detalha um grupo de jornalistas que tiveram permissão para subir andaimes e inspecionar de perto a escultura restaurada antes do público. "A reconstrução do véu danificado, da área dos olhos, do nariz, do braço e da mão parecia impecável, excepto em pequenas linhas que eram visíveis apenas por uma inspecção minuciosa. Não houve diferença perceptível na cor das peças restauradas e na superfície de mármore circundante da escultura. 'Trabalhámos como dentistas', disse Deoclecio Redig de Campos". Paul Hoffman, "Restored Pieta Show; Condition Near Perfect" New York Times, January 5, 1973, https://www.nytimes.com/1973/01/05/archives/restored-pieta-shown-condition-near-perfect-marks-on-marys-cheek.htm

Cristo Jesus, para nos juntarmos à obra que Ele faz, a boa obra que Ele deseja que executemos e que faremos bem em realizar.[15]

Deus, em Cristo, salva-nos da condenação, julgamento e inferno.

Deus, em Cristo, redime-nos e somos totalmente reconciliados.

Deus, em Cristo, justifica-nos, corrigindo o que estava errado.

Deus, em Cristo, refaz-nos e nascemos de novo.

Deus, em Cristo, adopta-nos na Sua família.

Não somos salvos porque colocamos a nossa fé numa doutrina. Não somos salvos pelas nossas crenças correctas. Somos salvos porque algo de fora - ou, melhor, alguém – chegou a nós. Estamos totalmente tão refeitos, que a melhor maneira que os escritores dos evangelhos podem pensar em descrevê-lo é compará-lo ao novo nascimento. Os escritores hebreus descreveram-no como a experiência de ser arrebatado de uma cova. Estávamos em escravatura e agora somos livres. Já não somos escravos do medo. Tornamo-nos filhos de Deus. Antes estávamos fora da família de Deus e agora somos membros de sangue da Sua família. Somos justificados diante do Pai, o que significa que as coisas são corrigidas.

Nunca devemos esquecer que a salvação vem de fora, não de dentro de nós mesmos. Não somos salvos porque somos bons; somos salvos porque Deus é bom. É isto que é a salvação. Deus faz algo por nós que não poderíamos fazer por nós mesmos. É graça salvadora.

Agora voltamo-nos para o que a obra-prima de uma vida renovada em Cristo se pode tornar plenamente pelo dom da graça santificadora.

---

15. Peterson, Eugene. *A Mensagem*, Efésios 2:7–10.

A VIDA

O Espírito Santo capacita-nos a viver uma vida completamente consagrada a Deus através da graça santificadora.

Através da graça sustentadora, o Espírito Santo coopera connosco para possibilitar uma vida fiel e disciplinada, dada para o serviço de Deus.

Através da graça suficiente, o poder de Deus é aperfeiçoado na nossa fraqueza.

4
A GRAÇA SANTIFICADORA

E o mesmo Deus de paz vos santifique em tudo; e todo o vosso espírito, e alma, e corpo, sejam plenamente conservados irrepreensíveis para a vinda de nosso Senhor Jesus Cristo. Fiel é o que vos chama, o qual também o fará.

—1 Tessalonicenses 5:23-24

Segundo João Wesley, as quatro doutrinas mais importantes encontradas nas Escrituras são o pecado original, justificação pela fé, novo nascimento e santidade interior e exterior.

A justificação foi um tema importante da Reforma Protestante, que precedeu Wesley durante quase duzentos anos. Os reformadores, incluindo Martinho Lutero, proclamaram que somos justificados com Deus somente pela fé.[1] Wesley afirmou veemente a necessidade da justificação, mas ao adicionar novo nascimento à sua lista das doutrinas bíblicas mais importantes, ele estava a transmitir a ideia essencial de que a cruz e a ressurreição lidam decisivamente com a culpa dos nossos pecados e com o problema central que nos leva ao pecado.

---

1. A justificação é ficar bem com Deus, pela Sua graça, pela qual os nossos pecados são perdoados e a nossa culpa é removida pelo sacrifício expiatório da morte de Jesus na cruz. Ver o capítulo 3, "Graça Salvadora".

Assim, para Wesley, o novo nascimento é o começo da vida santa - ou o que chamamos de "santificação".

No último capítulo, discutimos a natureza do pecado e os efeitos prejudiciais que o pecado tem no nosso mundo e nas nossas vidas, mas qual é a origem do pecado? Qual é a fonte do pecado nos nossos corações?

A Bíblia diz que o pecado origina-se na nossa natureza inata. "Entre os quais todos nós também antes andávamos nos desejos da nossa carne, fazendo a vontade *da carne e dos* pensamentos; e éramos *por natureza* filhos da ira, como os outros também" (Efésios 2:3, ênfases acrescentadas). Este versículo chama a atenção para duas frases-chave que são amplamente mal compreendidas e precisam ser descompactadas para obter uma maior compreensão.

Por Natureza

Ao longo das suas cartas do Novo Testamento, Paulo ensina explicitamente que os seres humanos nascem com uma natureza desobediente e pecaminosa (Romanos 7:18, 35; Efésios 2:1-3; Colossenses 3:5). Não aprendemos a pecar. Ninguém precisa ensinar-nos a pecar. Não há nenhuma aula na universidade chamada "Sinning 101" ["Introdução ao Pecado"]. Ele vem naturalmente e somos bons nisso. Esta visão não é popular agora, nem nunca foi.

Nascido no século IV, Pelágio era um monge irlandês que mais tarde se tornou cidadão romano. Ele ensinou que as pessoas não tinham uma natureza pecaminosa, mas que as crianças aprendem a ser pecaminosas pelos maus exemplos que lhes são dados quando são jovens. Pelágio argumentou que nascemos com uma natureza neutra e que as crianças tornam-se boas ou más devido, em grande parte, aos seus modelos. Portanto, de acordo com Pelágio, os pecados são acções deliberadas da vontade e, se aplicarmos os nossos melhores esforços, podemos viver uma vida muito boa, longe do pecado.

Pelágio viveu na época de outro teólogo proeminente, Agostinho de Hipona, considerado um dos pensadores cristãos mais influentes da história da igreja ocidental. O bispo do norte da África escreveu extensivamente sobre a existência do pecado original herdado dos nossos primeiros pais espirituais e os seus efeitos debilitantes.

Agostinho argumentou fortemente contra a visão de Pelágio, dizendo que ela era contrária às Escrituras e ao senso comum e isso foi crucial para expulsar Pelágio da igreja sob a acusação de heresia. Embora marcado pela igreja como um ensino herege desde o século IV, o pelagianismo está bem vivo na igreja hoje.

Numa viagem a Nova Iorque, eu e a minha esposa assistimos ao espectáculo da Broadway *Wicked*, que conta a história de Elphaba, a Bruxa Malvada do Oeste (do famoso *O Feiticeiro de Oz*) e da sua amizade com Glinda, a Bruxa Boa do Norte. A história narra como cada mulher luta para encontrar a sua identidade, mas eventualmente Elphaba escolhe ser má e Glinda escolhe ser boa - tudo por causa das circunstâncias das suas vidas. Porque acontecerem coisas más a Elphaba, ela torna-se má; as coisas correm bem a Glinda e, por isso, ela torna-se boa. É apenas um musical fictício, mas inúmeras pessoas modernas tendem a pensar desta maneira acerca do pecado.

Jesus, no entanto, não concorda: "Mas, o que sai da boca, procede do coração, e isso contamina o homem. Porque do coração procedem os maus pensamentos, mortes, adultérios, fornicação, furtos, falsos testemunhos e blasfémias" (Mateus 15:18-19). O coração é a fonte que suja; o pecado vem do coração.

Vê uma criança pequena que mal tem idade para andar. Porque agem da forma como agem? Porque são egoístas? Porque fazem birras quando não conseguem o que querem? Uma criança não é pecadora por causa da sua educação. Elas não viveram o suficiente para que os seus exemplos as afectassem a esse nível. Uma criança é pecadora porque o pecado vem do coração - é inato. Elas não precisam de ser ensinadas a serem egoístas - fazem-no naturalmente. O pecado apresentado é uma expressão do que já está dentro da pessoa. David confessou: "Eis que em iniquidade fui formado, e em pecado me concebeu minha mãe" (Salmo 51:5). É o facto empírico do pecado original.

Como é que isso se explica teologicamente? Cada pessoa é criada à imagem de Deus e Ele é santo e bom. Como criada originalmente, a humanidade reflectia a natureza divina, mas a fonte de santidade e bondade não era nossa - era o Deus eterno e trino. Conforme explicado por William Greathouse e Ray Dunning, "somente Deus é essencialmente santo. Somos santos somente porque nos relacionamos correctamente com Deus e somos cheios do Seu Espírito santificador". Assim, desde a introdução do pecado a partir da queda e as suas consequências subsequentes, a nossa natureza essencial à imagem de Deus permanece intacta enquanto a imagem moral de Deus é destruída.[2] Greathouse e Dunning continuam: "Essencialmente o homem é bom, é uma pessoa feita para Deus. Existencialmente, o homem é pecador, um rebelde alienado da vida de Deus e, portanto, corrupto".[3] Essencialmente bom, existencialmente rebelde. Isto é o pecado original.

---

2. *Imago Dei* é a tradução latina de "imagem de Deus". Apesar de a imagem moral de Deus na humanidade estar estragada como consequência da queda, a natureza essencial de Deus mantém o valor de cada pessoa feita à Sua imagem. Diane LeClerc observa que a teóloga nazarena Mildred Bangs Wynkoop, fiel aos ensinos de João Wesley, "define a imagem de Deus na humanidade como a capacidade de amar, no contexto de um relacionamento com Deus, com os outros, consigo mesmo e com a terra". LeClerc, *Discovering Christian Holiness: The Heart of Wesleyan-Holiness Theology* (Kansas City: MO: Beacon Hill Press of Kansas City, 2010), 312. Além disso, consulte a secção final deste capítulo, "Inteira Santificação Definida".

3. Greathouse and Dunning, *An Introduction to Wesleyan Theology* (Kansas City, MO: Beacon Hill Press of Kansas City, 1982), 52. Eles detalham o significado histórico do pecado original (Romanos 5:12–21) e o seu significado existencial (Romanos 7:14–25), 53–54. A perspectiva wesleyana do pecado original é diferente da doutrina calvinista da depravação total.

Temos uma natureza com a qual nascemos. Não é "algo" que precise ser retirado, como uma vesícula doente. É a nossa disposição para o orgulho e para o egocentrismo. É a nossa tendência inata para a violência, ego, auto-suficiência e auto-preservação. É o narcisismo da mais alta ordem e na sua forma mais óbvia - o que significa que o pecado nos nossos corações é mais do que algumas indiscrições que cometemos nos nossos piores momentos; é sim desconsiderar o primeiro mandamento (Êxodo 20:2) e um fracasso em adorar somente Deus. N. T. Wright lembra-nos o quão imersos realmente estamos:

> O diagnóstico da situação humana não é que os seres humanos simplesmente violaram a lei moral de Deus, ofendendo e insultando o Criador, cuja imagem carregam - embora isso também seja verdade. Esse rompimento da lei é um sintoma de uma doença muito mais grave. A moralidade é importante, mas não é tudo. Chamados à responsabilidade e à autoridade dentro e sobre a criação, os humanos viraram a sua vocação do avesso, dando adoração e lealdade a forças e poderes dentro da própria criação. O nome disto é idolatria. O resultado é a escravatura e, por fim, a morte.[4]

Temos mais do que um mau histórico. Temos uma natureza decaída. A graça de Deus é necessária para fornecer libertação e cura da condição do pecado e dos actos de pecado - originais e actuais. Para isto, precisamos de justificação e santificação. Precisamos de ser reformados e receber uma renovação radical dos nossos corações. É por isso que Wesley enfatizou a santidade interna e externa. Devemos ser perdoados dos nossos pecados, vivificados em Cristo e ter os nossos corações purificados pela fé. O resultado é uma recuperação da imagem completa de Deus que foi perdida.

---

4. N. T. Wright, *The Day the Revolution Began: Reconsidering the Meaning of Jesus's Crucifixion* (New York: HarperCollins Publishers, 2016), 76–77.

As Obras da Carne

Como observado anteriormente, os escritos do Novo Testamento - particularmente os atribuídos ao apóstolo Paulo - costumam referir-se a um aspecto da queda catastrófica do pecado original como "obras da carne". A palavra "carne" deriva de uma única palavra grega, *sarx*.[5] ara não ser confundida com o corpo, a carne é usada no sentido espiritual para se referir à inclinação egocêntrica que procura ser gratificada, ao amor desordenado do 'eu' que vive por si mesmo, em vez de se render totalmente à vontade e propósitos de Deus.[6] Martinho Lutero - e, antes dele, Agostinho - descreveu isto graficamente como o estado de "estar virado para si mesmo" *(incurvatus in se)*. Pense profundamente no quadro mental que Lutero pinta ao voltar-se para si mesmo: "A nossa natureza, pela corrupção do primeiro pecado, [está] tão profundamente virada para si mesma que não apenas verga os melhores dons de Deus para si mesma, como os desfruta (como é evidente nas boas obras e hipócritas), ou melhor, até usa o próprio Deus para obter estes dons, mas também falha em perceber que busca de maneira tão perversa, distorcida e perniciosa todas as coisas, até Deus, a seu próprio favor."[7]

Quando Paulo diz: "(...) o querer está em mim, mas não consigo realizar o bem" (Romanos 7:18), está a referir-se à impotência na

---

5. Uma teoria das duas naturezas da vida cristã foi introduzida através de um ponto de vista dispensacional amplamente popular do final do século XIX e início do século XX, que teve uma influência de longo alcance entre muitos evangélicos, incluindo vários notáveis pregadores e professores evangélicos. Essa influência levou a comissão da mais antiga tradução (1973) da Nova Versão Internacional a traduzir "carne" *(sarx)* como "natureza pecaminosa". Dunning ressalta que, subsequentemente, Greathouse sugeriu que era "virtualmente impossível usar [essa versão da tradução] como base para uma interpretação fiel do grego original". A comissão de tradução de 2011 da NVI reviu a sua tradução para "carne". Dunning, *Pursuing the Divine Image: An Exegetically Based Theology of Holiness* (Marrickville, New South Wales: Southwood Press, 2016), Kindle Location 786.
6. Greathouse e Dunning definem carne como "'eu' vivendo para mim mesmo". Greathouse e Dunning, An Introduction to Wesleyan Theology, 53.
7. Martin Luther, *Lectures on Romans*, WA 56.304.

sua carne para amar e obedecer a Deus de todo o coração. Ele está e nós estamos escravizados ao "eu" que quer o que queremos. Paulo aprofunda o tema na sua carta, afirmando que a carne luta contra o Espírito: "Porque a carne cobiça contra o Espírito, e o Espírito, contra a carne; e estes opõem-se um ao outro; para que não façais o que quereis" (Gálatas 5:17). Ele continua a ilustrar exemplos vívidos das obras da carne e das acções e atitudes que seguem a carne, em contraste com o fruto do Espírito (vv. 19-23). Então, para terminar, Paulo argumenta: "Porque a inclinação da carne é morte; mas a inclinação do Espírito é vida e paz" (Romanos 8:6). A minha paráfrase é: ou matamos os delitos da carne ou eles vão nos matar. Esta é a força gravitacional não censurada da carne.

A ideia bíblica da carne tem sido geralmente mal compreendida ao longo dos anos. Lamentavelmente, alguns pensam que a carne e o Espírito correspondem ao corpo e à alma e que a "carne" se refere à pele dos nossos corpos.[8] Como resultado, alguns foram levados a supor que, se a carne é a fonte do mal e do pecado, então, o nosso corpo físico deve ser intrinsecamente mau. Portanto, conforme segue o pensamento, devemos subestimar os aspectos físicos das nossas vidas, submeter os nossos corpos à submissão e não permitir nenhum prazer ou satisfação física.[9] Embora isto possa parecer extremo, ocorre até certo ponto sempre que é criada uma hierarquia do pecado, como pecados do corpo e pecados do espírito e quando defendemos a ideia de que um é certamente pior do que o outro (por exemplo, a

---

8. A "carne" e o "corpo" são duas palavras separadas no Novo Testamento: *sarx* e *soma*.
9. Grande parte da heresia do gnosticismo é baseada numa concepção errada da carne como se correspondesse ao corpo. A ideia platónica de uma alma suprema abstrata faz com que alguns até hoje olhem para o corpo com desprezo e enfatizem a mortalidade de uma alma eterna sem corpo. No entanto, este erro está em conflito com a doutrina bíblica da ressurreição corporal. Para combater este predominante mal-entendido, os primeiros credos cristãos enfatizaram a importância da ressurreição corporal (por exemplo: "Cremos na ressurreição do corpo e na vida eterna", Credo dos Apóstolos).

imoralidade sexual é pior do que os mexericos ou a amargura; a embriaguez é pior do que o orgulho ou o racismo). Consequentemente, se alguém comete um pecado do corpo - também considerado um pecado "mortal" - é quase imperdoável, mas os pecados do espírito são descartados com a justificação de que "ninguém é perfeito". Separar e classificar o pecado dessa maneira é um claro mal-entendido da santidade das Escrituras, sem mencionar o facto de que Paulo classifica todos os pecados juntos numa categoria (por exemplo, ver Gálatas 5:16-21: idolatria e pelejas são identificadas como "obras da carne").

Claramente, o corpo humano não é uma coisa má. No fim de contas, Deus criou o corpo humano e depois assumiu um corpo humano em Jesus. Quando Paulo se quer referir ao corpo físico, geralmente escolhe a palavra grega *soma, não sarx*. Só em Romanos, fá-lo treze vezes. A palavra *soma* pode significar o corpo físico humano ou a totalidade de uma pessoa, como em Romanos 12:1: "apresenteis o vosso corpo em sacrifício vivo, santo e agradável a Deus", que é um claro apelo à santificação de toda a pessoa, incluindo os nossos corpos físicos.

Então, o que é a carne e porque é necessária a graça santificadora? A carne é a nossa inclinação (corpo, mente e espírito) para sermos o nosso próprio deus, em vez de ficarmos sob o senhorio de Jesus. É o aspecto pecaminoso de nós mesmos que deseja viver as nossas vidas independentemente de Deus - ser o nosso próprio rei e salvador, em vez de dependermos de Jesus. Antes da graça salvadora, somos completamente controlados pela carne e não pelo Espírito. Temos uma natureza pecaminosa - uma disposição do coração que acredita que podemos salvar-nos a nós mesmos e que é totalmente consumida e dominada pela mente da carne. No entanto, no momento da nossa justificação (perdão do pecado) e da regeneração (novo nascimento), recebemos o dom do Espírito Santo.[10] O povo wesleyano da santida-

---

10. Embora a "regeneração" não seja uma palavra bíblica em si, os teólogos criaram-

de também se refere a isso como "santificação inicial", porque não podemos receber o que é santo - o Espírito de Jesus - sem começarmos a jornada da vida santa.[11]

É aqui que começa a guerra pela soberania. Quem será o rei da minha vida? Antes de sermos cristãos, não havia guerras - nem mesmo uma discussão ocasional. A carne que estava comprometida com a nossa auto-soberania e desejos egoístas dominava-nos. Quando o Espírito entra na nossa vida, recebemos novos desejos, motivações e a mente de Cristo (Romanos 12:2; 1 Coríntios 2:16; Filipenses 2:5). Essas duas forças, a carne e o Espírito, estão em oposição e lutam agora pela supremacia. A santidade é iniciada, mas agora deve aumentar e amadurecer.

Paulo escreveu o seguinte à igreja em Corinto: "não vos pude falar como a espirituais, mas como a carnais" (1 Coríntios 3:1). Isto significa que não eram cristãos? Não, eles eram cristãos nascidos de novo. De facto, ele começa a carta chamando-os de "santificados em Cristo Jesus," e "chamados santos" (1:2). A regeneração, justificação e redenção tinham acontecido. A jornada de graça deles tinha começado. O problema deles era que a batalha pela carne estava a acontecer. A inveja, rivalidade, orgulho e divisão ainda estavam presentes. Eles eram cristãos - mas ainda "pessoas da carne" (3:1) - que Paulo igualou à fé imatura. Eles eram cristãos, mas eram ainda "meninos em Cristo" (3:1). Precisavam de crescer. Esta é outra maneira de dizer que ainda havia um nível de resistência neles que ainda não lhes permitia entregarem totalmente as suas vontades e mentes a Deus.[12]

---

na para descrever a nova vida que é dada pela graça a uma pessoa como resultado do seu novo nascimento em Cristo. Num sentido muito real, alguém é elevado a uma nova vida, ocorre uma ressurreição espiritual e acontecem mudanças reais de maneiras tangíveis e intangíveis.

11. "Wesley nunca usou este termo [santificação inicial], mas simboliza a sua crença de que o momento da salvação começa o processo de ser justificado." LeClerc, *Discovering Christian Holiness*, 318.
12. "O termo grego traduzido para 'mente' é um dos mais significativos termos antropológicos usados por Paulo. Refere-se ao aspecto de raciocínio de uma pessoa

Novamente, João Wesley oferece um discernimento perspicaz no contexto das declarações de Paulo. Perguntando se os coríntios tinham perdido a fé, Wesley insistiu: "não, ele [Paulo] declara manifestamente que eles não tinham perdido a fé; pois caso assim fosse, não seriam 'meninos em Cristo'. E ele fala de ser 'carnal' e de 'meninos em Cristo' como sendo a mesma coisa; mostrando claramente que cada crente é (em certo grau) 'carnal', enquanto é apenas um 'menino em Cristo'."[13] Carnal, para Wesley, é o equivalente do estar "na carne", e representa a fé imatura que precisa crescer à semelhança de Cristo e no dar de si mesmo da cruz.[14] Isto é verdade para cada crente. A questão não é a salvação - é o senhorio. O santificado deve crescer cada vez mais à semelhança de Jesus. Não é que algo deva morrer neles - eles devem morrer, em algum sentido real, mas figurativo, para aquilo que antes governava as suas vidas.[15] As credenciais religiosas não serão suficientes; os padrões morais não serão suficientes. É preciso deixar de confiar na carne.

Num deslumbrante momento de franqueza vulnerável, Paulo confessou: "Ainda que também podia confiar na carne; se algum outro cuida que pode confiar na carne, ainda mais eu: circuncidado ao

---

quando os poderes do julgamento estão a ser exercidos." Dunning, *Pursuing the Divine Image*, Kindle Location 814. A capacidade, dada por Deus, de cada pessoa para pensar e usar o intelecto para entender é um dos aspectos do chamado Quadrilátero Wesleyano, conhecido como "razão".

13. Wesley, Sermon 13: "On Sin in Believers," in *The Complete Works of John Wesley: Vol. 1, Sermons 1–53* (Fort Collins, CO: Delmarva Publications, 2014), 3.2.
14. Dunning defende que a "carnalidade é uma palavra enganosa, sendo usada como substantivo, enquanto as Escrituras sempre usam a palavra carnal como um adjectivo". Dunning, *Pursuing the Divine Image*, Kindle Location 2076. Isto também rejeita a ideia de que "a carne" é um tipo de coisa alienígena, como um "tumor cancerígeno que vive metaforicamente dentro de nós" e que deve ser removido cirurgicamente. Ibid., Kindle Location 801. Os defensores do conceito de algo que precisa de ser removido, incluindo alguns pregadores de santidade do século XIX, chamam-no de erradicação.
15. William H. Greathouse with George Lyons, *New Beacon Bible Commentary, Romans 1–8: A Commentary in the Wesleyan Tradition* (Kansas City, MO: Beacon Hill Press of Kansas City, 2008), 182.

oitavo dia, da linhagem de Israel, da tribo de Benjamim, hebreu de hebreus; segundo a lei, fui fariseu, segundo o zelo, perseguidor da igreja; segundo a justiça que há na lei, irrepreensível" (Filipenses 3:4-6). Ele possuía todas as credenciais religiosas para ser considerado justo, mas a sua confiança estaria na carne. Paulo continua: "Mas o que para mim era ganho reputei-o perda por Cristo" (3:7). Ele estava a cumprir as regras e a obedecer à lei, mas estava a viver de acordo com a carne, ao acreditar e depender na sua própria justiça para o salvar ou santificar. Eram coisas boas que tinham sido elevadas a um lugar central na sua vida - por isso, teve que morrer para elas para conhecer Cristo. Além disso, ao conhecer Cristo de maneira cada vez mais completa, Paulo trocou os seus suados esforços morais pela justiça salvadora e santificadora de Cristo: "para que possa ganhar a Cristo e seja achado nele, não tendo a minha justiça que vem da lei, mas a que vem pela fé em Cristo, a saber, a justiça que vem de Deus, pela fé" (3:9).

Muitas pessoas são morais, até religiosas, mas a condescendência, rigidez, preconceito, aspereza e frieza de espírito são sinais reveladores de que a carne adoptou a religião e usou-a como estratégia para não depender de Jesus Cristo para a sua santidade. Tal como um empresário ganancioso, cuja exploração dos que estão presos na pobreza, a fim de obter lucro, está sob a escravatura da carne, o mesmo acontece com o fariseu. Aos olhos de Deus, eles são a mesma coisa.

Ambos são pessoas que adoptaram estratégias para criarem o seu próprio caminho na vida, separado de Deus.

Aqui está a difícil verdade: até os cristãos podem continuar a viver de acordo com a carne. Antes da graça salvadora, a carne não guerreia com o Espírito, porque estamos mortos nos nossos pecados. No entanto, mesmo quando o Espírito de Deus ganha vida em nós, podemos viver de maneira carnal. Ainda podemos pegar em coisas boas e torná-las finais em si mesmas. Ainda podemos viver na nossa própria força e poder, em vez de depender de Deus. É por isso que precisamos da graça santificadora. Precisamos da graça de Deus para crucificar a carne que deseja depender de nós mesmos - para matar a nossa parte carnal que deseja gerir as nossas próprias vidas, a fim de que o Espírito de Jesus possa assumir o controle completo.[16]

O aclamado professor escocês e escritor devocional Oswald Chambers chega à essência de morrer para si mesmo, para que Cristo seja conhecido cada vez mais:

> Devo tomar as minhas opiniões emocionais e crenças intelectuais e estar disposto a transformá-las num veredicto moral contra a natureza do pecado; isto é, contra qualquer reivindicação que tenho do meu direito a mim mesmo. (...) ...Quando chego a essa decisão moral e ajo de acordo com ela, tudo o que Cristo realizou por mim na cruz é feito em mim. O meu compromisso irrestrito de mim mesmo com Deus dá ao Espírito Santo a oportunidade de me conceder a santidade de Jesus Cristo. (...) A minha individualidade permanece, mas a minha principal motivação para viver e a natureza que me governa mudam radicalmente.[17]

A carne não precisa de governar as nossas vidas. A liberdade é oferecida para uma vida santa. A graça santificadora é o meio e o remédio. Então, como é que a graça santificadora realmente funciona na jornada da graça? Para esse fim, temos o resto do capítulo.

---

16. Oswald Chambers refere-se à noção de morrer para si mesmo como identificação com a morte de Jesus e uma "co-crucificação" voluntária. Da mesma maneira, o cristão pode unir-se a Jesus na Sua ressurreição e partilhar uma "co-ressurreição" para uma nova vida. A vida de ressurreição de Jesus é agora experimentada na vida de santidade. Chambers, My *Utmost for His Highest* (Uhrichsville, OH: Barbour and Company, 1935), 73.
17. Chambers, My *Utmost for His Highest*, 58.

Tornar-se como Jesus

Quero contar uma história sobre alguém que chamarei de George, que não é o nome verdadeiro dele. George era um membro da minha igreja e uma pessoa muito infeliz. Ele estava sempre chateado com alguma coisa. Não gostava da música ou da minha pregação. Dizia que eu não pregava a santidade da maneira como ele a tinha ouvido quando era criança. Além disso, não gostava particularmente das pessoas -especialmente pessoas novas. Ele escrevia-me cartas de sete páginas com alguns dos comentários mais feios que possa imaginar, não só a atacar todos os movimentos do meu pastorado, como também a assumir conhecer os meus motivos.

Durante algum tempo, ele queixava-se que a igreja estava focada em si mesma e não estava a alcançar os de fora. Então, quando a igreja começou a encher-se de novas pessoas, ele também não gostou, porque agora, disse ele, já não nos importávamos com as pessoas que estavam lá há anos e que pagavam o preço para que a igreja se tornasse estável. Ele disse que estávamos apenas a crescer porque roubávamos ovelhas de outras igrejas (o que não era verdade). A questão principal era que George não queria que as coisas mudassem.

Ele consumiu grande parte da minha energia emocional como pastor. Ameaçou repetidamente deixar a igreja. No fundo, eu acho que ele sabia o que todos sabiam - nenhuma outra igreja o toleraria. Um dia liguei-lhe e disse: "George, sabe que eu o amo, mas acabaram as cartas ou e-mails. Não consigo ouvir o seu coração num e-mail e o George não consegue ouvir o meu. A partir de agora, se tiver uma preocupação ou reclamação, terá de a fazer pessoalmente."

Parecia que as coisas tinham melhorado - pelo menos durante algum tempo. Nunca mais me enviou outra carta, mas continuou a espalhar negatividade na igreja. Chegou ao ponto de ele ser mais parecido a um mosquito do que a um cão de ataque - mais irritante do que perigoso.

A parte mais triste para mim foi que ele não estava a ser transformado. Ele era uma pessoa irritadiça e tinha-o sido desde sempre. Não apenas na igreja. Não era um bom marido para a sua esposa; os seus filhos não queriam estar com ele; e não tinha alegria na vida. O mais surpreendente é que frequentou a igreja durante mais de sessenta anos. Talvez o pior de tudo é que ninguém estava surpreendido por ele não estar a mudar e ninguém ficou particularmente incomodado com isso. Eles aceitaram esse facto. "Oh, é assim que o George é", diziam. Ninguém esperava que ele se tornasse mais parecido com Jesus.

Ao pensar nele, passei a acreditar que a pergunta errada a ser feita acerca da saúde de uma igreja é: "quantas pessoas estão a participar?". A melhor pergunta, ou pelo menos aquela que se move na direcção certa é: "como são as pessoas?"[18]. Quando alguém se torna cristão, o objectivo não é apenas aprender a seguir a Cristo, mas também viver, de facto, uma vida cristã. Este é o objectivo do discipulado na jornada da graça.

O Objectivo do Discipulado

Quando Paulo expôs os dons do ministério, disse que haveria apóstolos, profetas, evangelistas, pastores e mestres, mas que o seu propósito unificado seria "equipar os santos para a obra do ministério, para edificação do corpo de Cristo" (Efésios 4:12). Há muito a dizer sobre essas palavras em relação ao discipulado, mas vamos começar com o conceito de "corpo".

O corpo é uma analogia intrigante, porque sempre que o crescimento espiritual é mencionado, supõe-se que algo esteja vivo. Todas as coisas vivas crescem. As coisas mortas permanecem estáticas ou deterioradas. Apenas os seres vivos crescem. As coisas inanimadas não crescem. Uma peça de mobiliário não cresce. Uma rocha não cresce. Somente os organismos crescem.

---

18. Bill Hull, *The Disciple-Making Pastor* (Old Tappan, NJ: Revell, 1988), 13.

Um organismo pode ser: (1) uma coisa viva, como uma planta, animal ou pessoa; ou (2) um sistema funcional de partes interdependentes que compreendem uma criatura ou coisa viva. As plantas são organismos. As plantas não podem crescer sem luz solar, água e nutrientes. Elas precisam de um ecossistema para sustentar o seu crescimento ou morrem. Os nossos corpos humanos também são organismos. A anatomia humana é um sistema de funcionamento de partes interdependentes - um sistema operacional projectado para trabalhar em conjunto: "o corpo é um e tem muitos membros" (1 Coríntios 12:12). Quando um dos nossos membros não está a funcionar correctamente, independentemente do quão insignificante possa parecer, pode lançar por terra todo o sistema e deixar-nos doentes.

Quando Paulo diz que somos o corpo de Cristo, está a afirmar que a igreja também é um organismo, composto por pessoas dinâmicas e vivas, que são partes interdependentes que trabalham juntas e dependem umas das outras para a vitalidade e saúde pelo poder do Espírito Santo: "Porque também o corpo não é um só membro, mas muitos" (1 Coríntios 12:14). Quando as partes não estão a trabalhar em conjunto de maneira holística, ficam doentes e fracas. Por outro lado, quando as partes estão conectadas e crescem em conjunto de maneiras nutritivas, resultam em vitalidade e saúde, uma forma começa a formar-se e é alcançado um objectivo final *(telos)*. Construímos o corpo, "até que todos cheguemos à unidade da fé e do conhecimento do Filho de Deus, e cheguemos à *maturidade*, atingindo a medida da *plenitude de Cristo*. (Efésios 4:13, NIV-PT, ênfase adicionada). O objectivo da maturidade cristã é a plena estatura de Cristo - a semelhança a Cristo. Não existe outro objectivo. Por isso, o objectivo é para a igreja. Quando os nossos membros individuais se reúnem, é para se parecerem ao corpo de Cristo. Além disso, no caso de não termos lido na primeira vez, Paulo reitera que "cresçamos em tudo naquele que é a cabeça, Cristo, do qual todo o corpo" cresce para o que foi criado para ser (v. 15).

O objectivo de todo o crescimento espiritual, individual e comunitário, pessoal e corporativo, é tornar-se cada vez mais semelhante a Jesus. O acto ou processo de se tornar semelhante a Jesus é a santificação e é possível pela graça santificadora.

A Santidade não é Opcional

Na língua grega, a santificação está relacionada com a palavra "santo" *(hagios)*. A teologia wesleyana da santidade sustenta que as boas novas do Evangelho não são apenas que um dia estaremos com Deus quando morrermos, mas também que a oferta de vida abundante no reino de Deus é, por agora, exactamente onde estamos. O plano de Deus é que a Sua imagem em nós, marcada pela queda, seja restaurada a toda a sua beleza e glória, para que nos tornemos a Sua obra-prima, reflectindo a semelhança de Cristo no que pensamos, dizemos e fazemos. Isto é chamado de santificação e é nisso que nos estamos a tornar. Não é opcional para um cristão em crescimento.

Quando compramos um carro, somos informados pelo vendedor de que existe equipamento padrão e acessórios opcionais. Sabemos que vamos obter um volante, cintos de segurança e um espelho retrovisor porque esse é o equipamento padrão - todos os carros têm. No entanto, se queremos janelas automáticas, jantes de liga leve e tecto de abrir, precisamos de pedir pois esses são extras, o que significa que nem todos os carros os têm. A santificação não é um acessório opcional para um discípulo de Jesus. É um equipamento padrão para todos os modelos. Tornar-se como Jesus é esperado porque o crescimento não é uma opção. Estamos sempre a crescer em direcção a algo - sempre em processo de formação espiritual.

Mais uma vez, Paulo afirma-o em Romanos 12 quando diz: "E não vos conformeis com este mundo, mas transformai-vos pela renovação do vosso entendimento, para que experimenteis qual seja a boa, agradável e perfeita vontade de Deus" (12:2) Conformado ou transformado - essas são as nossas únicas duas alternativas. Se não estamos a ser transformados (transformados de dentro para fora) pelo poder renovador de Deus, então, estamos a ser conformados (formados e moldados) por forças opostas a Deus que estão à solta no mundo. A questão não é se será formado espiritualmente; a questão é o que o irá formar? Se Deus não nos está a formar, há um inimigo espiritual - um adversário, o maligno - que fica perfeitamente feliz em configurar as nossas vidas.

Simplificando, o mundo separado de Deus deforma e malforma as pessoas. Deus reforma e transforma. É por isso que a santificação - tornar-se como Jesus - é tão importante. Poucas palavras resumem melhor a vontade de Deus para a vida humana do que estas das Escrituras: "Porque esta é a vontade de Deus, a vossa santificação" (1 Tessalonicenses 4:3); e "Segui a paz com todos e a santificação, sem a qual ninguém verá o Senhor" (Hebreus 12:14). A ordem de buscar a paz e a santidade implica acção em vez de passividade. O crescimento espiritual de uma pessoa é chamado de santificação ou santidade. A santificação inicial e a inteira santificação não são a mesma coisa, mas o objectivo de toda a santificação é tornar-se como Jesus. Esta é a vontade de Deus para a vida de cada cristão, porque, se não crescermos "em tudo naquele que é a cabeça, Cristo", estaremos a ser formados por algo que não é o amor santo (Efésios 4:15).

Uma Equação para o Crescimento Espiritual

O discipulado não é uma opção. A maioria dos cristãos não argumentaria acerca desse ponto. A verdadeira questão é: como é que esse crescimento acontece? No seu livro *Rethinking the Church*, James Emery White explica o que muitas pessoas acreditam acerca do processo de discipulado. A fórmula que ele oferece é dada na forma de uma equação matemática:

Salvação + Tempo + Aplicação Individual = Mudança de Vida

A fórmula desenvolve-se com base em quatro suposições: (1) a mudança de vida acontece na salvação; (2) continua a ocorrer naturalmente ao longo do tempo; (3) é alcançada em grande parte por um acto da vontade; e (4) é melhor alcançada sozinho.[19] Vamos examinar atentamente a hipótese proposta.

Primeiro, "salvação". A salvação é uma transformação tão radical do nosso ser ("nascido de novo") que há uma mudança imediata de coração que resulta numa conversão milagrosa dos desejos, hábitos, atitudes e carácter. Os cristãos nascem, não são feitos. Como a salvação muda o estado do nosso relacionamento com Deus, altera o nosso destino eterno e introduz o poder e a obra do Espírito Santo nas nossas vidas, é esperado um crescimento imediato e substancial. Essa é a suposição da salvação.

Segundo, "tempo". Embora o processo de transformação ocorra na conversão, é óbvio que uma pessoa não cresce totalmente ao tornar-se cristã. Ainda existem questões de resistência e egoísmo que precisam de ser tratadas, diz White, mas são coisas que levam tempo.[20] Portanto, a fórmula diz que um cristão de cinco anos terá cinco anos de maturidade espiritual e um cristão de dez anos terá dez anos de maturidade, e assim por diante. A fé não deixa de crescer com o tempo; portanto, tudo o que precisamos de fazer é ler a Bíblia e frequentar a igreja o máximo possível e o fruto do Espírito vai-se multiplicar e tornar-nos-emos mais parecidos com Jesus. Essa é a suposição acerca do tempo.

Terceiro, "aplicação individual". Isto tem a ver com a força de vontade da pessoa. A ideia é que o que não acontecer naturalmente ao longo do tempo, será complementado pela determinação e pelo esforço humano. Tudo o que uma pessoa deve fazer é decidir viver e agir de uma certa maneira (e ter um pouco de perseverança) - porque

---

19. James Emery White, *Rethinking the Church: A Challenge to Creative Redesign in an Age of Transition* (Grand Rapids: Baker Books, 1997), 55.
20. White, *Rethinking the Church*, 56.

a vida cristã é sustentada por actos da vontade. Tempo suficiente mais a nossa força de vontade produzirá o fruto do Espírito. Essa é a suposição da aplicação individual.

Finalmente, "melhor alcançada sozinho". A suposição final da equação do discipulado é a independência, ou que um relacionamento pessoal com Jesus Cristo é equivalente a um relacionamento privado.[21]

A equação continua, mas raramente nos preocupamos em perguntar se essas suposições são válidas. É assim que o discipulado acontece? Começamos automaticamente a crescer na nossa vida espiritual após a salvação? Quando alguém se torna cristão, há uma mudança imediata e profunda de hábitos, atitudes e transformação de carácter? Os cristãos crescem ao longo do tempo e apenas pela força de vontade? Como o nosso relacionamento com Deus é pessoal, é melhor para os discípulos de Jesus trabalharem sozinhos? Se essas suposições estiverem correctas, deve haver uma grande evidência disso na igreja. Se são verdadeiras, observa White, então, usar simplesmente a equação deve oferecer consistentemente os mesmos resultados: cristãos individuais e o corpo de Cristo tornar-se cada vez mais parecido com Jesus na sua forma de pensar, falar e agir.[22] No entanto, existem razões importantes pelas quais a fórmula não está completa.

Para começar, os discípulos de Jesus tanto nascem como são criados. A graça salvadora muda o nosso estado relacional com Deus, o nosso destino eterno e introduz o poder e a obra do Espírito Santo nas nossas vidas. No entanto, como vemos nos ensinos do Novo Testamento, os novos cristãos ainda não têm um carácter maduro. Ser cristão não se traduz automaticamente em tornar-se como Cristo.

---

21. A ideia de um relacionamento pessoal com Cristo ser um sinónimo de um relacionamento privado com Jesus é muito mais prevalente na sociedade ocidental do que noutras partes do mundo. O individualismo é considerado uma virtude cultural nos EUA.
22. White, *Rethinking the Church*, 57.

É necessário desenvolvimento. A virtude cresce ao longo do tempo através de práticas específicas.²³ À luz dessas realidades, consideremos uma estrutura mais bíblica de como o crescimento espiritual ocorre através da graça santificadora.

1. O crescimento espiritual pode começar na salvação, mas continuamos a crescer na graça ao longo de toda a vida. Existe diferença entre santificação e inteira santificação. O debate parece sempre ser se a santificação é instantânea ou gradual. Existe um momento crítico ou é um processo? A resposta é ambos.²⁴ A graça santificadora começa no momento que experimentamos a graça salvadora. Os teólogos referem-se a ela como "santificação inicial", que é seguida pelo crescimento espiritual na graça, até que - num momento de total consagração e completa rendição de nossa parte - Deus purifica e limpa o coração.

Esta é uma experiência referida como inteira santificação, ou "perfeição cristã".²⁵ Contudo, mesmo após esse momento de plena

---

23. N. T. Wright define o conceito cristão de virtude como a transformação do carácter. Wright, *After You Believe: Why Christian Character Matters* (New York: HarperCollins Publishers, 2010). Será dedicado muito mais tempo ao entendimento da virtude no capítulo 5, "Graça Sustentadora".
24. O assunto da crise ou processo, instantâneo ou progressivo, na experiência da inteira santificação, tem sido, historicamente, um tópico de grande debate nos círculos wesleyanos da santidade. O próprio João Wesley enfatizou consistentemente a necessidade de ambos, e os primeiros líderes nazarenos eram geralmente cuidadosos em sugerir um equilíbrio. O superintendente geral R. T. Williams declarou o seguinte à Assembleia Geral da Igreja do Nazareno de 1928: "A igreja deve enfatizar tanto a crise como o processo na religião. Durante muitos anos, o povo de santidade sentiu que o trabalho para o qual foi chamado terminava no altar, quando as multidões que se apresentavam recebiam as bênçãos da regeneração e da santificação, mas ficou evidente que o nosso trabalho apenas começava aí. A Igreja do Nazareno combina esses dois grandes princípios, a saber, a crise e o processo. Liderar [o povo] a Deus e a edificação do corpo de Cristo na salvação inicial e no desenvolvimento do carácter cristão". *General Assembly Journal*, 1928, referenced in Dunning, *Pursuing the Divine Image*, Kindle Location 2176, footnote 26.
25. A perfeição cristã é uma frase bíblica e é frequentemente usada ao longo da história cristã. Os pais e mães da igreja primitiva equiparavam a perfeição à ideia *de theosis*, ou deificação: participação na natureza divina. No entanto, o conceito

consagração a Deus, continuamos a crescer na graça e nunca paramos de crescer enquanto vivermos.

Os Artigos de Fé para a Igreja do Nazareno declaram: "Cremos que há uma distinção bem definida entre um coração puro e um carácter maduro. O primeiro é obtido instantaneamente, como resultado da inteira santificação; o último resulta do crescimento na graça." Quando respondemos com fé à graça preveniente, recebemos a graça salvadora. Há uma reorientação radical das nossas prioridades, uma reconstituição dos nossos desejos e o poder e a obra do Espírito Santo são libertados nas nossas vidas. Em vez da libertação instantânea de todos os hábitos prejudiciais, falhas de carácter ou más disposições que já possuímos, Deus continua a trabalhar em nós para nos moldar para aquilo que Ele deseja que sejamos. O objectivo do discipulado cristão é tornar-se cada vez mais parecido com Jesus. É por isso que Paulo pensa que, assim como não esperamos que os bebés permaneçam bebés, assim como queremos que eles cresçam e se tornem adultos plenamente funcionais, também devemos esperar que os cristãos não permaneçam bebés espirituais. O crescimento espiritual começa na salvação, mas continuamos a crescer na graça durante toda a vida. Daqui a um ano, devemos parecer, agir e pensar mais como Cristo do que no dia de hoje, ao progredirmos pela graça santificadora.

2. O crescimento espiritual envolve mais do que apenas tempo. A maioria dos meus amigos não sabe, ou esqueceu-se, que eu sei tocar piano. Toco piano há mais de quarenta anos. Quando tinha dez anos,

---

moderno de perfeição é entendido de maneira diferente. Nunca foi ensinada com precisão como uma "perfeição sem pecado", ou, como Thomas Noble escreve, "a ideia de que, nesta vida, os cristãos poderiam alcançar esse estado final absoluto de perfeição, onde eram sem pecado e perfeitamente santos". T. A. Noble, *Holy Trinity, Holy People: The Historic Doctrine of Christian Perfecting* (Eugene, OR: Cascade Books, 2013), 22. Para evitar a confusão da interpretação moderna e destacar os aspectos dinâmicos do crescimento na graça, Noble argumenta: "Dado esse conceito dinâmico de perfeição de movimento, em vez da chegada final, pode ser preferível expressar este significado da palavra grega, não usando a palavra 'perfeição', mas traduzindo-a para 'aperfeiçoamento'." Ibid., 24.

praticava quase todos os dias (com muita supervisão da minha mãe, que priorizava a prática de piano em vez da do futebol). Agora toco com muito menos frequência - cerca de uma vez por ano. Se alguém me perguntasse há quanto tempo toco piano, estaria a ser sincero se dissesse há quatro décadas, mas na verdade, não passei essas quatro décadas a praticar intencionalmente. Na igreja, há crianças que tocam piano há alguns anos e tocam melhor do que eu, mesmo que, tecnicamente, eu toque há mais tempo.

Com as nossas vidas espirituais não é diferente. Ser simplesmente exposto à informação não significa que as pessoas a absorvam, entendam, aceitem e vivam. Embora seja verdade que o crescimento espiritual leva tempo, não é verdade que a graça santificadora seja, inerentemente, um produto do tempo, ou até um subproduto da exposição à cultura cristã.[26] As igrejas estão cheias de pessoas que passaram anos a ser cristãs - mas as suas vidas reflectem muito pouco do Espírito de Jesus. São críticas, irritadiças, cínicas, negativas e egoístas. Muitas delas são como o George de uma das minhas antigas congregações: não estão a tornar-se cada vez mais parecidas com Jesus todos os anos. A razão é muito simples.

3. O crescimento espiritual não é tanto uma questão de tempo, mas é uma cooperação com Deus e um treino intencional. O escritor de Hebreus diz: "Porque, devendo já ser mestres pelo tempo, ainda necessitais de que se vos torne a ensinar quais sejam os primeiros rudimentos das palavras de Deus; e vos haveis feito tais que necessitais de leite e não de sólido mantimento. Porque qualquer que ainda se alimenta de leite não está experimentado na palavra da justiça, porque é menino. Mas o mantimento sólido é para os perfeitos, os quais, em razão do *costume, têm os sentidos exercitados* para discernir tanto o bem como o mal. Pelo que, deixando os rudimentos da doutrina de Cristo, prossigamos até a perfeição" (Hebreus 5:12–6:1,

---

26. White, *Rethinking the Church*, 59.

ênfase adicionada).[27] Com base na expressão "pelo tempo", podemos assumir que essa parte das Escrituras foi escrita para os crentes que já eram cristãos há algum tempo. Em vez de se tornarem professores da jornada da graça através das suas palavras e exemplo, eles ainda estavam a comer comida de bebé. O caminho para seguirem uma dieta adulta e tornarem-se cristãos maduros é através do treino em rectidão - treino que os ajude a reconhecer a diferença entre o certo e o errado e a distinguir entre o bom e o melhor. Isto está a caminhar em direcção à perfeição cristã, ou uma maturidade em Cristo que permite que os crentes arrependidos se desviem dos aspectos da carne que ainda permanecem no coração.[28]

O excerto "em razão do costume, têm os sentidos exercitados" nas Escrituras de Hebreus é intrigante. Implica esforço intencional e implica que os cristãos participem no nosso próprio crescimento espiritual em Cristo. Outros exemplos são abundantes: "Equipe-se! Edifique a sua fé! Corra! Guarde o seu coração!" Todos estes exemplos

---

27. Wesley gostava de descrever a santificação como perfeição cristã, até mesmo intitulando o seu mais famoso catecismo doutrinário, *A Plain Account of Christian Perfection*. Ao argumentar que a experiência do amor perfeito, ou "Deus a aperfeiçoar em amor", pode ser realizada nesta vida, ele aponta: "(1) existe algo como perfeição; pois ela é repetidamente mencionada nas Escrituras. (2) Não acontece tão cedo quanto a justificação; pois as pessoas justificadas devem 'prossiguir até à perfeição'. (Hebreus 6:1). (3) Não acontece tão tarde como a morte; pois Paulo fala de homens vivos que eram perfeitos (Filipenses 3:15)". Wesley, *A Plain Account of Christian Perfection, Annotated*, eds. Randy L. Maddox and Paul W. Chilcote (Kansas City, MO: Beacon Hill Press of Kansas City, 2015).
28. João Wesley, num sermão intitulado "The Repentance of Believers" [O Arrependimento dos Crentes], enfatizou a contínua necessidade de arrependimento para os cristãos que buscam a vida santa. Num artigo apresentado numa conferência de santidade, um dos meus professores de teologia do seminário, Rob L. Staples, disse: "A inteira santificação pode ser entendida como um compromisso total do nosso destino da theosis [renovação à imagem de Deus] com um contínuo arrependimento por, e resultante limpeza de qualquer coisa que impeça ou dilua esse compromisso, ou o que Wesley chamou de 'arrependimento dos crentes' que disse ser 'necessário em todas as etapas subsequentes do nosso percurso cristão.'" Staples, "Things Shakable and Things Unshakable in Holiness Theology," Revisioning Holiness Conference, Northwest Nazarene University, February 9, 2007.

são mandatos bíblicos para desenvolver, no mundo, o que Deus está a fazer em nós. Este treino é realizado por práticas específicas - ou meios da graça - que João Wesley chamou de obras de piedade e obras de misericórdia.[29] As obras de piedade incluem os meios instituídos de graça, como oração, ler a Bíblia, jejuar, tomar a Santa Ceia, baptismo e passar tempo com outros cristãos. As obras de misericórdia também são um meio da graça enquanto se presta serviço a outras pessoas, como por exemplo "alimentar os famintos, vestir os nus, abrigar o estrangeiro, visitar os que estão na prisão ou os doentes e instruir os desinformados".[30] Praticamos os meios da graça, assim como os recebemos como presentes; a nossa participação é necessária.[31]

No entanto, devemos ter cuidado para não confundir participação com controlo. Não controlamos o nosso crescimento espiritual - nem o causamos. Há algumas coisas que estão sob o nosso controlo. Podemos fazer um telefonema, conduzir um carro ou fazer uma tarefa. Há também coisas sobre as quais não podemos fazer nada. Não podemos mudar as condições climatéricas. Não podemos mudar os nossos genes. Existem coisas que podemos controlar e outras que não podemos - ambas existem.

No entanto, há também uma terceira categoria: as que não controlamos, mas com as quais podemos cooperar. Pense no dormir. Se já teve filhos, pode estar familiarizado com a necessidade de lhes dizer para irem dormir. Às vezes, eles respondem: "Não consigo!" Eles estão

---

29. "Por 'meios da graça' entendo sinais externos, palavras ou acções, ordenadas por Deus e designadas para esse fim, como os meios comuns pelos quais Ele pode transmitir aos homens a graça preveniente, justificadora ou santificadora." Wesley, "Sermon 16: The Means of Grace," II.1, http://wesley.nnu.edu/john-wesley/the-sermons-of-john-wesley-1872-edition/sermon-16-the-means-of-grace/. Os meios de graça são também às vezes chamados de disciplinas espirituais.
30. Joel B. Green and William H. Willimon, eds., *Wesley Study Bible New Revised Standard Version* (Nashville: Abingdon Press, 2009), 1488, footnote "Going on to Perfection."
31. Para obter mais informações sobre os meios da graça, consulte o capítulo 5, "Graça Sustentadora".

parcialmente certos. Não conseguem ir dormir da mesma maneira como se faz um telefonema. Como pais, asseguramos aos nossos filhos que podem fazer algumas coisas para ser mais fácil adormecer. Eles podem preparar-se para tal. Podem deitar-se na cama, apagar as luzes, fechar os olhos, ouvir música suave e o sono acabará por chegar! Eles não podem controlar o sono, mas não ficam desesperados. Eles podem estar disponíveis para dormir e deixar que o sono os invada. O mesmo vale para o crescimento espiritual. Não podemos santificar-nos ou tornar-nos como Jesus. O Santo é que nos torna santos. Deus é o nosso santificador. No entanto, tal como na nossa salvação, é necessário haver cooperação. Nós não nos salvamos, mas devemos dizer sim à graça salvadora.

O eminente professor de discipulado Dallas Willard disse: "A graça não se opõe ao esforço; é contrária a ganhar"[32]. A graça é mais do que a regeneração, justificação e perdão. A graça é necessária para toda a jornada do discipulado. Mesmo assim, talvez o grande perigo do nosso tempo não seja pensar que estamos a fazer muito na nossa jornada de discipulado, mas supor que não devemos fazer nada. A passividade pode ser tão perigosa quanto o legalismo. Quando Paulo diz para tirar o antigo eu e vestir o novo, certamente quer dizer que devemos fazê-lo com a ajuda de Deus. Paulo é intransigente em relação a isso: "Exercita-te a ti mesmo em piedade" (1 Timóteo 4:7) e novamente: "Não sabeis vós que os que correm no estádio, todos, na verdade, correm, mas um só leva o prêmio? Correi de tal maneira que o alcanceis" (1 Coríntios 9:24).

A graça significa que Deus fez tudo o que não poderíamos fazer por nós mesmos, mas isso não significa que agora nos tornamos consumidores que nada contribuem para o relacionamento. Esta ideia equivocada explica a abordagem do discipulado sem acções de muitos

---

32. Dallas Willard, *The Great Omission: Reclaiming Jesus's Essential Teachings on Discipleship* (New York: HarperCollins, 2006), 61.

cristãos e, como resultado, a falta de crescimento e maturidade espiritual. Assim, Dallas Willard também disse, "sabemos, como Jesus diz: 'porque sem mim nada podereis fazer' (João 15:5) ... mas é melhor acreditarmos que o contrário deste versículo diz: 'Se não fizeres nada, será sem mim.' E esta é a parte que temos mais dificuldade em ouvir".[33] Cooperamos com a graça activa de Deus reordenando as nossas vidas em torno das actividades, disciplinas e práticas que foram modeladas por Jesus Cristo. Além disso, participamos delas não para ganhar a nossa santificação, mas para alcançar, através do treino, o que não podemos fazer apenas com mais esforço.

4. O crescimento espiritual é um esforço comunitário. Os leitores ocidentais tendem a surpreender-se com a ênfase comunitária da descrição de Paulo da jornada da graça, embora muitas culturas não ocidentais já saibam que não podemos fazer a jornada sozinhos. Lendo novamente a partir do seu principal tratado teológico em relação à igreja: "Cristo, do qual todo o corpo, bem-ajustado e ligado pelo auxílio de todas as juntas, segundo *a justa operação de cada parte*, faz o aumento do corpo, para sua edificação em amor"(Efésios 4:16, ênfase adicionada).Por mais inesperados que estes versículos possam ser para as culturas acostumadas a curvar-se no altar do individualismo, incluindo a espiritualidade individualista, Paulo não pede desculpas pelo facto de que o nosso discipulado nunca teve a intenção de ser um acto a solo. Cada "parte" (individual) do corpo é importante e tem um trabalho único a ser feito, mas todo o trabalho individual tem um propósito combinado: ajudar as outras partes a crescerem.

É sinergia sagrada. "Sinergia" vem da palavra grega *synergos*, que significa "trabalhar juntos". Já foi dito que o trabalho de um todo é maior do que a soma individual das suas partes ou que a combinação das partes individuais produz um impacto maior do que se poderia

---

33. Willard, "Spiritual Formation: What It Is, and How It Is Done," n.d., http:// www.dwillard.org/articles/individual/spiritual-formation-what-it-is-and-how-it-is-done.

fazer sozinho. A sinergia é encontrada na natureza, nos negócios, nos desportos e nos relacionamentos familiares. É o poder da interdependência, reciprocidade e mutualidade.[34]

Um exemplo popular da mutualidade é a relação entre as zebras e os pássaros muito pequenos chamados pica-pau. Os pica-paus comem os carrapatos nas costas das zebras, agindo como uma espécie de controle de pragas; eles também emitem um assobio quando estão assustados, servindo como um sistema de alarme para as zebras quando os predadores estão por perto. As zebras fornecem bastante comida para os pássaros; e eles fornecem-lhes uma boa higiene e cuidados de saúde. Estes dois animais são completamente diferentes em muitos aspectos, mas cada um precisa do outro para prosperar.

A sinergia também é a medida de um corpo saudável que está a crescer e está cheio do amor perfeito (o que o grego chama de ágape). A prestação de contas, o incentivo, a advertência, a oração intercessora e o apoio são impossíveis longe de outras pessoas. Tornamo-nos um povo santo ao estarmos juntos. Ouvimos mais claramente a voz de Deus em comunidade. O amor é superficial até que seja vivido no contexto de relacionamentos reais. A jornada da graça é um evento de equipa![35]

Então, aqui estão elas, lado a lado. Duas equações distintas para o crescimento no discipulado.

A equação popular:
Salvação + Tempo + Força de Vontade Individual = Crescimento Espiritual

A equação da santidade:

---

34. Para obter mais informações sobre o entendimento bíblico da interdependência, ver o ensino de Paulo no Novo Testamento sobre o corpo humano como uma metáfora para a igreja (1 Coríntios 12, Efésios 4). Para obter mais informações sobre a mutualidade, ver os seus ensinos sobre o casamento cristão (Efésios 5).
35. White, *Rethinking the Church*, 61. Ver também o capítulo 5 e a ênfase na responsabilidade cristã e na graça sustentadora.

Graça + Cooperação com Deus + Comunidade cristã =
Semelhança a Cristo

Os cristãos são chamados a crescer na graça, que é outra maneira de dizer que devemos crescer à semelhança de Jesus. Recebemos a nova vida de Cristo para que possamos crescer n'Ele. Deus refaz e remodela. Isto é graça santificadora. Não conheço ninguém que o diga de forma mais caprichosa do que C. S. Lewis:

> Imagine que é uma casa viva. Deus entra para reconstruir essa casa. No início, talvez consiga perceber o que Ele está a fazer. Ele está a melhorar o escoamento de águas e a resolver as infiltrações no telhado e assim por diante; já sabia que essas coisas precisavam ser feitas e por isso não fica surpreendido. Mas agora Ele começa a partir paredes de uma maneira que dói terrivelmente e não parece fazer nenhum sentido. O que está Ele a fazer? A explicação é que Ele está a construir uma casa muito diferente daquela imaginada - a pôr uma nova ala aqui, um andar extra ali, a erguer torres, e a construir pátios. Pensou que estava a ser transformado num pequeno chalé, mas Ele está a construir um palácio. Ele pretende morar nele.[36]

Deus não só nos salva, mas também nos transforma. Ele aceita-nos onde estamos, mas ama-nos o suficiente para não nos deixar lá. Ele reimagina, refaz e remodela. Quando nos oferecemos em completa consagração e total rendição a Deus Pai, o Deus Espírito Santo limpa e purifica os nossos corações, refazendo-nos à imagem do Deus Filho. Tornamo-nos semelhantes a Cristo nos nossos pensamentos, palavras e acções. A nossa casa está sob uma nova administração.

"Santidade significa que não há um canto da sua vida que esteja fora do controlo de Jesus Cristo".[37] Tiramos as mãos do volante e dei-

---

36. C. S. Lewis, *Mere Christianity* (New York: Touchstone, 1996), 175-76.
37. A primeira vez que ouvi Dennis Kinlaw a usar essa expressão foi num sermão da capela do seminário de 1991. Foi também a primeira vez que me lembro de entender que o controlo de Deus sobre a minha vida não era um desejo de

xamos Jesus assumir o comando e dar as ordens. Dizemos: "És o meu Salvador (salvação); agora dobro os meus joelhos e faço de Ti o meu Senhor (santificação)". Somos separados para um propósito santo e o perfeito amor de Deus começa a fluir através de nós. Começamos a amar a Deus verdadeiramente com todo o nosso coração, mente e força, e o nosso próximo como a nós mesmos.

Inteira Santificação Definida

Algumas últimas palavras sobre o que se entende por inteira santificação. "Inteiro" não se refere a uma obra completa de Deus em nós, mas num sentido muito real, é ser completo. Deus trabalha continuamente dentro de nós e sobre nós; portanto, nesse sentido, a obra-prima da nossa vida continua até à ressurreição final de todas as coisas, incluindo a nossa glorificação.[38] Somos inteiros e "integralmente completos" pela graça santificadora, como podemos estar nesse momento. As nossas vidas são marcadas pelo requintado esplendor do *shalom*. O Shalom é o que Deus está a conceber na criação e a moldar nas nossas vidas. O *Shalom* certamente significa paz, mas também significa totalidade, integridade, unidade e todas as partes a trabalhar em harmonia com o objectivo *(telos)* para o qual fomos criados.

A inteira santificação, como já discutimos, é uma vida de persistente renúncia à existência egocêntrica (carne) e a submissão contínua de obediência não resistente aos caminhos e à vontade de Deus. Como Jesus disse com grande precisão: "Se alguém quer vir após mim

---

manipulação da Sua parte, mas um desejo de intimidade. Na minha opinião, Kinlaw foi um dos melhores pregadores da santidade do final do século XX e início do século XXI, até à sua morte em 2017.

38. A "glorificação" refere-se ao estado de um crente após a morte e a ressurreição final de todas as coisas. "Pela graça de Deus, seremos finalmente glorificados - ressuscitados com Cristo quando Ele voltar e transformados à Sua completa semelhança, para desfrutar da Sua glória para sempre". Greathouse and Dunning, *An Introduction to Wesleyan Theology*, 54. Além disso, Diane LeClerc refere-se à glorificação como a santificação final em "que uma pessoa é removida da própria presença do pecado". LeClerc, *Discovering Christian Holiness*, 318.

[discípulos], negue-se a si mesmo [carne], e tome cada dia a sua cruz, e siga-me" (Lucas 9:23).[39] O resultado de tal vida centralizada é a semelhança a Cristo que se manifesta no perfeito amor a Deus e ao próximo.

O décimo Artigo de Fé para a Igreja do Nazareno articula a santificação assim:

Cremos que a inteira santificação é o acto de Deus, subsequente à regeneração, pelo qual os crentes são libertados do pecado original, ou depravação, e levados a um estado de inteira devoção a Deus e à santa obediência do amor tornado perfeito.

É operada pelo baptismo com, ou enchimento do Espírito Santo e envolve, numa só experiência, a purificação do coração do pecado e a presença íntima e permanente do Espírito Santo, capacitando o(a) crente para a vida e o serviço.

A inteira santificação é provida pelo sangue de Jesus, realizada instantaneamente pela graça mediante a fé, precedida pela inteira consagração; e desta obra e estado de graça o Espírito Santo testifica.

Cremos que a graça da inteira santificação inclui o impulso divino para crescer na graça como um discípulo à semelhança de Cristo. Contudo, este impulso deve ser conscientemente cultivado; e deve ser dada cuidadosa atenção aos requisitos e processos de desenvolvimento espiritual e avanço no carácter e personalidade semelhantes a Cristo. Sem tal esforço intencional, o

---

39. Em referência à ideia de que a inteira santificação implica toda uma vida de negar a si mesmo (carne) e levar a cruz, "J. O. McClurkan, líder de um dos ramos do sul do início do Movimento de Santidade, referia-se a este último aspecto da vida santificada como 'uma morte mais profunda do eu', que na realidade deveria acontecer durante toda a vida cristã. Por experiência, ele reconheceu que nem toda a vida podia ser comprimida num momento de experiência". Dunning, *Pursuing the Divine Image*, Kindle Location 853. Para obter uma discussão mais aprofundada sobre isto, consulte William J. Strickland and H. Ray Dunning, *J. O. McClurkan: His Life, His Theology, and Selections from His Writings* (Nashville: Trevecca Press, 1998).

testemunho do(a) crente pode ser enfraquecido e a própria graça comprometida e mesmo perdida.

Pela participação nos meios da graça, nomeadamente a comunhão, as disciplinas e os sacramentos da Igreja, os crentes crescem na graça e no pleno amor a Deus e ao próximo.[40]

Devemos encerrar a nossa discussão sobre a graça santificadora, com uma pergunta simples: com que propósito? Porque é que essa desejada santidade é desejada? Qual será a evidência de uma vida marcada por essa semelhança a Cristo?

Voltamos ao amor perfeito. A inteira santificação não é o pináculo da moralidade. É a forma mais elevada de amor que se doa. A inteira santificação é o amor santo completo em nós. É bem sabido que Wesley definiu a inteira santificação como amor perfeito. Era o conteúdo singular dos seus ensinos sobre a santidade. Mildred Bangs Wynkoop afirma-o: "As discussões de Wesley sobre qualquer segmento da verdade cristã levaram-no rapidamente ao amor. 'Deus é amor'. Cada aspecto da expiação é uma expressão de amor; santidade é amor; o significado de 'religião' é amor. A perfeição cristã é a perfeição do amor. Cada passo de Deus em direcção ao homem e a resposta do homem, passo a passo, são aspectos do amor".[41] Para esclarecer a questão, Wynkoop acrescenta: "Dizer que a santidade cristã é a nossa *raison d'être* [razão de ser] significa dizer que estamos comprometidos com tudo o que o amor é, e isso é realmente importante".[42]

Em resumo, o amor é o aspecto mais importante. Qualquer coisa menos do que o amor não atinge o objectivo máximo estabelecido pela "razão de ser" de uma vida santa. Qualquer compreensão da inteira santificação desprovida de amor é dura, legalista, crítica e

---

40. Igreja do Nazareno, Manual: 2017-2021, "X. Santidade Cristã e Inteira Santificação" (Lisboa: Literatura Nazarena Portuguesa, 2017), 22.
41. Mildred Bangs Wynkoop, *A Theology of Love: The Dynamic of* Wesleyanism (Kansas City, MO: Beacon Hill Press of Kansas City, 1972), 36.
42. Wynkoop, *A Theology of Love*, 36.

profana. Ágape (amor cristão) é o amor que mantém todos os outros amores naturais na sua ordem devida.[43] O ágape guia, interpreta e controla todos os outros desejos. Por sermos incentivados a aumentar em ágape, entendemos que ele é dado e aprimorado; é um dom e cresce em nós pela presença permanente do Espírito Santo. É necessário esforço, mas é-nos dada graça.

Somos atraídos pelo amor santo através da graça que busca (preveniente). Somos capturados pelo amor santo através da graça salvadora. Somos purificados e separados pelo amor santo através da graça santificadora. Crescemos na graça à medida que abundamos no amor santo. É assim que experimentamos a plenitude da vida em Cristo.

---

43. Para obter um resumo esclarecedor dos quatro termos gregos para amor - *eros, storge, philia* e *agape* - recomendo a curta exegese de Wynkoop sob o título "Love and Fellowship". Ela argumenta que excepto o ágape, *todos* os outros termos são amores naturais, exigindo pouco esforço. Ágape não é apenas uma dimensão diferente do amor, mas é também uma qualidade pela qual se ordena a vida, somente possibilitada pela plenitude de Cristo. "Portanto, o amor que chamamos de amor cristão não substitui os outros amores, nem é um acréscimo a esses amores, mas é uma qualidade da pessoa como um todo, pois está centralizada em Cristo. A auto-orientação distorcida, que falha todos os outros relacionamentos porque os utiliza para vantagem pessoal (geralmente das maneiras mais subtis e desonestas), é trazida à sua plenitude pela presença permanente do Espírito Santo. Neste relacionamento, todos os outros relacionamentos da vida são aprimorados, embelezados e santificados". Wynkoop, *A Theology of Love*, 38.

5
A GRAÇA SUSTENTADORA

Ora, àquele que é poderoso para vos guardar de tropeçar e apresentar-vos irrepreensíveis, com alegria, perante a sua glória, ao único Deus, Salvador nosso, por Jesus Cristo, nosso Senhor, seja glória e majestade, domínio e poder, antes de todos os séculos, agora e para todo o sempre. Amém.
–Judas 1:24–25

Chega um momento na vida de cada cristão em que algo começa a despontar sobre ele. Às vezes acontece imediatamente, e às vezes acontece mais adiante na jornada da graça: aspectos da minha vida permanecem sem rendição ao senhorio de Cristo. Há espaços na minha casa que está a ser remodelada (para voltar à ilustração de C. S. Lewis) que permanecem fechados para a obra de Deus.

Como Deus está incansavelmente comprometido com a nossa santidade, tornando-nos cada vez mais semelhantes a Jesus, o Espírito Santo começa a sondar: "Será que tudo é meu? Tudo em ti pertence-me? Há alguma coisa que me estejas a esconder?

A nossa primeira resposta pode ser dizer: "Pode pertencer-te tudo, excepto (preencher o espaço em branco). Dei-te 99% de mim. Não há nada que possa guardar para mim? Esperas que te dê tudo?"[1]

Com amor paciente e dedicação inabalável para cumprir o objectivo final (telos) do nosso discipulado, o Espírito de Jesus sussurra: "Sim, tudo de ti. Cem por cento. Sem conter nada."

Ser totalmente de Deus é partilhar em tudo a vida prometida de Deus. Quanto mais o nosso eu é entregue a Deus, maior é a paz e a alegria. Oswald Chambers acredita que a vida eterna não é uma dádiva originada em Deus, mas uma dádiva pertencente a Deus. Além disso, o poder espiritual que Jesus prometeu aos Seus discípulos após a Sua ressurreição e em antecipação do Pentecostes não é um dom do Espírito Santo, mas sim o poder do Espírito Santo (Actos 1:8). O resultado é um suprimento infinito da vida abundante que aumenta a cada renúncia para Deus. Mais uma vez, a visão de Chambers é esclarecedora: "Até o santo mais fraco pode experimentar o poder da divindade do Filho de Deus, quando está disposto a 'deixar-se ir'. Mas qualquer esforço para 'nos apegarmos' à coisa mais mínima do nosso próprio poder só diminuirá a vida de Jesus em nós. Temos que continuar a deixar-nos ir, e a vida de Deus irá invadir-nos, de forma lenta, mas segura, penetrando em todas as partes".[2]

O coração humano é o lugar do pecado e da desobediência, mas também é o lugar da graça e da santidade. Na graça que busca, Deus corteja o nosso coração; na graça salvadora, Deus captura-o; na graça santificadora, Deus limpa-o. A nossa predisposição move-se do coração de um servo para o coração de um filho. Descobrimos que já não servimos a Deus por medo do que poderia acontecer se não

---

1. "Cuidado para nunca pensar: 'Oh, isto na minha vida não importa muito'. O facto de que não importa muito para si pode significar que importe muito para Deus. Nada deve ser considerado um assunto trivial por um filho de Deus. Nada nas nossas vidas é um mero detalhe insignificante para Deus". Chambers, *My Utmost for His Highest*, 76–77.
2. Chambers, *My Utmost for His Highest*, 74–75.

obedecêssemos; em vez disso, recebemos um coração de amor que nos dá o desejo de obedecer. No entanto, não se engane: a reivindicação de Cristo ao longo da jornada da graça é por nada menos que tudo de nós - inteiros, completos, integrais.

A santidade significa ser separado para um propósito santo e ser tão cheio do Espírito de Jesus que a nossa mentalidade, motivos e atitudes são semelhantes a Cristo. Negamo-nos, o que significa que desistimos do nosso direito ao "eu". Tomamos a nossa cruz, o que significa que transferimos os nossos direitos para Jesus. Aqui está o surpreendente paradoxo: ao renunciar ao nosso direito ao "eu" e ao transferir os nossos direitos a Jesus, encontramos vida. Quando perdemos a nossa vida em Cristo, encontramo-la. Aquilo que é negado a Deus está, em última instância, perdido; aquilo que é entregue a Deus não pode ser tomado de volta. "Porque já estais mortos, e a vossa vida está escondida com Cristo em Deus" (Colossenses 3:3). A consagração é total.

A nossa consagração a Deus não é a fonte da nossa santificação. Não podemos santificar-nos; não nos fazemos santos. O Espírito de Jesus é que o faz. Não basta querer ser como Jesus. O desejo não é suficiente e a imitação tem os seus limites. Precisamos de ter o Espírito de Jesus em nós, ou, como Paulo diz, Cristo deve ser formado em vós (Gálatas 4:19).

Em muitos aspectos, os fariseus eram as melhores pessoas dos dias de Jesus. Eles eram morais, puros e bons. No entanto, a bondade deles estava localizada na modificação do comportamento e nas suas tentativas de serem santos por meio de um sistema de gestão de pecados que nunca tratava dos seus corações. Eles queriam ser piedosos e ter vidas puras, mas a abnegação acabava por ser egoísta e a influência deles tornou-os menos amorosos. Só se consegue gerir o exterior durante tanto tempo, até que o interior assuma o controlo. Como mencionado anteriormente, o que quer que esteja no coração, acabará por escapar. O cristão fariseu - aquele que tenta ter uma vida santa pelo esforço auto-dirigido e pela carne - fica sempre aquém do amor perfeito, porque não basta querer ser como Jesus. O Espírito de Jesus deve estar em nós. Este é o ponto crucial da santidade do coração. A graça é necessária para dar poder, capacitar e ter uma vida santa.

Dallas Willard explica que a vida santa realmente requer mais graça do que qualquer tentativa de imitar Jesus através de empreendimentos auto-direccionados: "Se realmente gostaria de usufruir da graça, apenas siga uma vida santa. O verdadeiro santo 'queima' a graça da mesma forma como um avião 747 queima o combustível na descolagem. Torne-se o tipo de pessoa que, rotineiramente, faz o que Jesus fez e disse. Consumirá muito mais graça ao ter uma vida santa do que ao pecar, porque cada acto santo que fizer terá de ser confirmado pela graça de Deus. E essa confirmação é totalmente o favor imerecido de Deus em acção".[3] Devemos ter a confirmação incessante da graça sustentadora de Deus - a graça que nos impede de cair (Judas 1:24).

Dito isto, a graça sustentadora não nega a necessidade da nossa participação. No capítulo 4, vemos que a graça significa que Deus fez tudo o que não poderíamos fazer por nós mesmos, mas isso não significa que agora nos tornamos consumidores que nada contribuem para o relacionamento. Cooperamos com a graça activa de Deus reordenando as nossas vidas à volta das actividades, disciplinas e práticas que Jesus modelou. Participamos nelas não para ganhar a nossa santificação, mas para alcançar, através do treino, o que não podemos fazer por nos esforçarmos mais.

Justiça Transmitida

Talvez seja útil dizer algumas palavras sobre a diferença entre a justiça imputada e a transmitida. Segundo Diane LeClerc, a justiça

---

3. Willard, *The Great Omission*, 62.

imputada é "a justiça de Jesus creditada ao cristão, que permite que o cristão seja justificado. Deus vê a pessoa através da justiça de Cristo, mas não se refere à transformação interior e à limpeza do indivíduo feita por Deus". A justiça concedida, por outro lado, é "um dom gracioso de Deus dado no exacto momento do novo nascimento de um indivíduo. Deus começa o processo de nos tornar santos".[4]

A diferença entre as duas não é tão subtil como imagina. Uma é uma justiça creditada - aplicada, por assim dizer; a outra é uma justiça que habita. A justiça concedida pode ser entendida como o dom de Deus que capacita e dá poder ao discípulo de Cristo para se esforçar pela santidade, santificação e amor perfeito. Mais precisamente, Timothy Tennent capta bem a diferença: "Como cristãos, sabemos que Deus toma os pecadores e veste-os com a justiça de Cristo (imputada). Depois, Deus trabalha em nós toda a boa obra, para que a justiça que antes nos foi imputada, se torne, em tempo real, transmitida a nós, em medidas cada vez maiores".[5]

Optimismo da Graça

A justiça concedida é o que tornou João Wesley tão optimista quanto ao potencial da transformação. Reconhecendo plenamente a devastação do pecado original, Wesley não estava optimista sobre a natureza humana. No entanto, ele estava totalmente convencido de que a graça de Deus poderia transformar literalmente uma vida de dentro para fora.

---

4. LeClerc, *Discovering Christian Holiness*, 312. É por isso que João Wesley se referiu ao novo nascimento como santificação inicial. Embora não negue a outra, a tradição reformada tende a enfatizar a justiça imputada, enquanto a teologia wesleyana de santidade coloca a principal ênfase na justiça transmitida.
5. Timothy Tennent, "Living in a Righteousness Orientation: Psalm 26" Seedbed Daily Text, September 1, 2019, https://www.seedbed.com/living-in-a-righteousness-orientation-psalm-26/. Tennent acrescenta: "Somente na nova criação é que isto é totalmente completo, mas a santificação é a chamada de cada crente - em ser separado como santos - para que com todo o coração possamos louvar ao Senhor 'nas congregações' (Salmo 26:12)

Uma vez ouvi o meu amigo Wesley Tracy a referir-se a isso como o "optimismo radical da graça". Para ilustrar, ele contou-me uma história: Imagine que há uma menina que entra na parte de trás da igreja. Ela tem onze ou doze anos. As roupas dela estão sujas e pouco cuidadas; o cabelo é fino e emaranhado. Ela cheira a mofo, como se não tivesse tomado um banho de verdade há vários dias. Conhece um pouco da história dela. A escola não está a correr bem. Está com matéria em atraso e não consegue ter positivas. Tem certeza de que o problema não é o intelecto dela, mas o mais provável é que o problema esteja a acontecer em casa. Ela não conhece o pai biológico e a mãe dela teve tido vários namorados. Há rumores de abuso infantil em casa e as feridas nos braços parecem confirmá-lo.

Tracy disse então: "Um comportamentalista olharia para aquela menina e diria: 'Ela tem cicatrizes para o resto da vida; ficará para sempre destruída. Algumas coisas são recuperáveis, mas ela sempre coxeará e nunca poderá ser tudo o que poderia ter sido se o seu ambiente fosse diferente.' Isto é o que um behaviorista diria". Mas Tracy continua: "Sabe o que diria alguém que acredita no optimismo radical da graça? 'Não importa o que lhe tenha sido feito ou o que ela faz consigo mesma, esta menina tem a esperança do Evangelho. Deus pode tomá-la onde está e fazer dela o que quer que ela seja'". Ou, como Wesley diria: "Mostre-me o mais vil infeliz de Londres e eu mostrar-lhe-ei alguém que tem a graça dos próprios apóstolos".

Esse optimismo leva a sério a nossa condição pecaminosa, mas leva ainda mais a sério o poder da graça de tomar alguém, de qualquer lugar, de qualquer situação, e torná-lo tudo o que Deus quer que ele seja.[6] Nenhuma dor é tão dolorosa, nenhuma mágoa é tão danosa, nenhuma ferida é tão profunda, nenhum pecado é tão terrível que a

---

6. "Como Wesley diria, negar este optimismo tornaria o poder do pecado maior que o poder da graça - uma opção que deveria ser impensável para uma teologia wesleyana de santidade". LeClerc, *Discovering Christian Holiness*, 27.

graça de Deus não possa transformar, curar e restaurar por completo de novo.

Perdão e Poder

A jornada da graça é a transformação da pessoa como um todo. A justiça é transmitida; a santidade é dada. Não é "esforçar-se mais" ou "recompor-se", mas é uma verdadeira mudança que resulta numa vida de poder. Por outras palavras, a graça de Deus é necessária para o perdão e para o poder. Precisamos do perdão dos nossos pecados (absolvição) e precisamos de força (poder) para viver uma vida que honre a Deus. Um sem o outro leva a extremos perigosos. Se dissermos: "Deus nos perdoará, mas Ele realmente não Se importa com a maneira como vivemos as nossas vidas imperfeitas, porque, afinal, tudo está coberto pela graça", corremos o risco de antinomianismo. Por outro lado, se assumirmos que a graça é necessária apenas para perdoar os nossos pecados, mas depois cabe a nós seguir em frente sozinhos, estamos em risco de legalismo. Ambos são extremos perigosos que impedem a jornada da graça. O apóstolo Paulo fala desses dois extremos quando diz: "Operai a vossa salvação com temor e tremor; porque Deus é o que opera em vós tanto o querer como o efectuar, segundo a sua boa vontade" (Filipenses 2:12-13). Quem é responsável pelo nosso crescimento espiritual? É trabalho nosso ou de Deus? A resposta de Paulo é sim para ambas as perguntas e isso não é contraditório.

Considere o extremo do legalismo. O legalismo na sua definição teológica mais estrita é a noção demasiado enfatizada de que a obediência a regras, regulamentos e códigos particulares de conduta é necessária para a salvação. Na prática, diz o legalismo, sabemos que Deus providenciou a nossa salvação através da cruz de Jesus, mas a sua realização na nossa vida depende se oramos muito, se lemos a Bíblia todos os dias e se tomamos o cuidado de evitar certas pessoas e lugares. No fundo, o legalismo está a tentar fazer por nós mesmos o que só Deus pode fazer. O resultado de uma pessoa empenhada em manter as regras é uma enorme quantidade de culpa, medo, frustração e insegurança com muito pouco de graça, paz, ou certeza. É um discipulado sem a graça e, levando-o ao extremo, torna-se uma forma ilusória de humanismo hipócrita e a um ar de superioridade. Os legalistas têm grandes expectativas em relação a si mesmos, mas têm padrões ainda mais altos para todos os outros, o que é pouco atractivo e repele os que estão afastados da igreja.

Em contraste com o legalismo, está o extremo oposto, o antinomianismo. Antinomianismo é uma palavra técnica que deriva de duas palavras gregas: *anti*, que significa 'contra' e *nomos*, que significa 'lei'. Combinadas, expressam a ideia de ilegalidade. Embora seja verdade - e passamos muito tempo a discutir esta questão - que um cristão é salvo apenas pela graça e não pelas boas obras ou pelas nossas próprias acções, essa verdade não nos liberta das obrigações morais e espirituais. Na prática, o antinomiano diz: "Como a graça é abundante, porque não pecar ainda mais para receber ainda mais graça? Por estar coberto pela graça, não tenho obrigação de obedecer a nenhum padrão ético ou moral. Fui liberto do peso da responsabilidade. O amor cobre tudo". Por mais ilógico (e impraticável) que isto possa parecer, é a mentalidade de alguns cristãos. "Não me peça nenhum compromisso ou sacrifício sério. Estou farto de colocar pesados fardos espirituais nos ombros das pessoas, porque isso apenas leva à culpa antiquada e ao legalismo. Eu gosto da graça".[7] De notar que embora João Wesley não fosse legalista, ele acreditava que a maneira antinomiana de pensar era um perigo ainda maior do que o legalismo e considerava o antinomianismo a pior de todas as heresias, porque

---

7. Numa conversa com o estudioso de Wesley, Cliff Sanders, sobre o legalismo e o antinomianismo, Sanders fez uma observação interessante: "Há cinquenta anos atrás, o legalismo era o maior desafio para as igrejas evangélicas. Hoje é mais provável que seja o antinomianismo, como a luta particular de muitos jovens adultos que foram criados na igreja e que querem retirar ao amor a sua dimensão santa".

desvalorizava o amor perfeito. O amor sem santidade é permissivo; a santidade sem amor é dura.

Em 1751, João Wesley escreveu uma carta a um amigo, acredita a maioria, em resposta às acusações de que a sua pregação era muito legalista ou demasiado permissiva (antinomiana). A sua resposta foi instrutiva: "Eu não aconselharia a pregar a lei sem o Evangelho mais do que o Evangelho sem a lei. Sem dúvida que ambos devem ser pregados na sua própria vez; sim, ao mesmo tempo, ou ambos em um só". Wesley resume o que quer dizer com "ambos em um só" mantidos em tensão: "Deus ama-te; portanto ama e obedece-Lhe. Cristo morreu por si; por isso, morra para o pecado. Cristo ressuscitou; por isso, erga-se à imagem de Deus. Cristo vive para sempre; por isso, viva para Deus até que viva com Ele na glória. ...Este é o caminho bíblico, o caminho metodista, o caminho verdadeiro. Que Deus nos ajude a não sair deste caminho, nem para a esquerda nem para a direita.[8]

Sendo assim, qual das duas opções escolhemos? A nossa salvação e crescimento espiritual são trabalho de Deus ou nosso? Paulo deixa claro: não é um ou outro, mas ambos. A salvação completa é obra de Deus do começo ao fim. Somos procurados, salvos, santificados e sustentados pela graça de Deus. No entanto, também somos exortados vez após vez para fazer todos os esforços para cooperar com a obra do Espírito Santo nas nossas vidas (Lucas 13:24; Filipenses 2:12-13; 2 Timóteo 2:15; Hebreus 12:14; 2 Pedro 1:5-7; 3:13-34).[9]

A graça é tanto para o perdão como para o poder. É assim que a graça sustentadora contribui para o nosso discipulado na parceria humano-divina. Deus inicia, nós respondemos. Deus chama, nós escutamos. Deus guia, nós obedecemos. Deus dá poder, nós trabalhamos. "Primeiro, Deus trabalha; portanto, você pode trabalhar",

---

8. John Wesley, "Letter on Preaching Christ," *The Works of the Rev. John Wesley*, Volume 6.
9. Ver a ênfase do capítulo 2 em "desenvolver no mundo o que Deus está a fazer em nós".

disse Wesley. "Em segundo lugar, Deus trabalha; portanto, você deve trabalhar".[10]

A Necessidade do Livre Arbítrio

O assunto deste capítulo é a graça sustentadora, que é a graça que nos capacita a fazer o que Deus nos chama a fazer e a viver uma vida santa. O livro de Judas do Novo Testamento refere-se a esta graça, na bênção final, como o poder de Deus que nos impede de cair e nos deixa sem culpa diante d'Ele no dia final. Tal declaração comunica uma verdade muito importante sobre o nosso discipulado: podemos cair para fora da graça, mas a graça sustentadora de Deus torna possível que isso não aconteça.

Houve uma altura em que alguns pregadores de santidade bem-intencionados disseram que após a pessoa ser santificada, nunca mais pecaria. Essa proclamação gerou muita confusão e consternação entre cristãos sinceros, apaixonados pela sua caminhada com Cristo, mas que descobriram que não só era possível tropeçar e cair, mas que isso acontecia com alguma frequência, especialmente à luz das mensagens que lhes diziam que a inteira santificação solucionava o problema. Esse não é simplesmente o caso - a razão é que o nosso livre arbítrio nunca é retirado da equação. O livre-arbítrio permanece para sempre na vida do crente porque se baseia na necessidade do relacionamento. O amor é relacional e a escolha é um componente necessário de qualquer relacionamento saudável. De facto, a imagem de Deus está estampada em nós, e o que está a ser restaurado na plenitude de Cristo é a capacidade de relacionamentos santos e amorosos.

O relato da criação em Génesis é esclarecedor. Um Deus soberano cria o universo com pouco esforço para além de dizer as palavras: "Haja...". O governo de Deus é absoluto e o Seu domínio é

---

10. John Wesley, "Sermon 85: On Working Out Our Own Salvation," 3.2, http://wesley.nnu.edu/john-wesley/the-sermons-of-john-wesley-1872-edition/sermon-85-onworking-out-our-own-salvation.

incomparável - no entanto, surpreendentemente, a liberdade humana está entrelaçada no tecido da criação. Dado o poder incomparável de Deus para criar e sustentar, essa liberdade é inesperada porque, como percebemos mais tarde, as distintas escolhas dos seres humanos não são apenas permitidas, mas também têm o potencial de ajudar ou prejudicar o florescimento do bom mundo de Deus. O Todo-Poderoso, sob grande risco, permite que as nossas escolhas importem.

No primeiro paraíso, o Senhor Deus ordenou ao homem: "De toda árvore do jardim comerás livremente, mas da árvore da ciência do bem e do mal, dela não comerás; porque, no dia em que dela comeres, certamente morrerás" (Génesis 2:17). O poder da escolha foi dado nesta ordem. A princípio, pode-se pensar que isto é injusto por parte de Deus. Porque é que Deus ordenaria alguma coisa sabendo que, no exacto momento em que se diz a alguém o que não pode fazer, é exactamente nisso que irá pensar? Será que isto era um ambiente propício para a tentação? Não: Deus não os tentou. Eles tinham uma escolha. As duas opções não eram iguais. Na ordem está um reconhecimento do livre arbítrio (ou livre vontade).[11] A livre vontade é necessária para que exista amor num relacionamento.

Se a minha esposa fosse forçada a amar-me e não tivesse escolha, ainda teríamos, mais ou menos, um relacionamento, mas não seria um casamento. Porquê? Porque, se eu estivesse no controlo total, isso tornar-se-ia algo diferente de amor. Ela tornar-se-ia um robô que não conseguia agir voluntariamente de outra maneira. A única maneira de partilhar um casamento saudável é se ambos tivermos a opção de

---

11. Mildred Bangs Wynkoop lembra-nos que a ênfase principal de João Wesley estava mais na graça livre do que no livre arbítrio. Portanto, os da tradição wesleyana falariam com mais precisão da "vontade libertada", que se refere à vontade autorizada e tornada livre pelo Espírito Santo, possibilitando que uma pessoa confesse activamente a fé em Jesus Cristo. Ao longo de todo o caminho, a salvação é de Deus, somente pela graça. Wynkoop, *Foundations of Wesleyan-Arminian Theology*, 69.

amar o outro. Aí reside o risco inerente ao amor: ela poderia optar por não me amar.

Quando Deus criou os seres humanos, colocou-os num belo jardim cheio de vida e bondade. Foi graça pura, pois foi iniciada e dada por Deus, sem contribuição da parte deles. No entanto, Deus não os transformou em robôs que foram forçados a fazer a Sua vontade. Eles poderiam escolher entre o bem e o mal. Eles tiveram a opção de amar a Deus ou não amar. Era quase como se Deus estivesse a dizer: "Faz isto só porque eu sou Deus. A tua obediência é uma escolha. Quero que este relacionamento seja baseado no amor, não no controlo". Deus dá-nos livre-arbítrio não porque nos queira tentar, mas porque quer que O escolhamos. Só então será um relacionamento volitivo enraizado no amor.

Soren Kierkegaard acreditava que uma vontade rendida era o sinal de um coração purificado: "A pureza de coração é desejar apenas uma coisa". O oposto de um coração puro é ter dupla mentalidade, também reflectida na vontade. A resposta para se a pessoa inteiramente santificada pode pecar novamente é sim. É possível cair da graça, porque a pessoa é sempre livre para responder a Deus ou à tentação em questão. Por amor, a escolha será sempre nossa. No entanto, aqui está a principal diferença de uma vida sustentada pela graça: agora temos o poder de não ter que pecar. Pelo poder da graça sustentadora, podemos dizer sim a Deus e não à tentação. A nossa fé é protegida pelo poder de Deus, defendida por uma esperança viva através da ressurreição de Jesus Cristo dentre os mortos (1 Pedro 1:3-4).

Numa franca confissão, Paulo admite que, antes do Espírito, o pecado estava no controlo da sua vida com tanta força que era como um capataz de um escravo. "Porque não faço o bem que quero, mas o mal que não quero, esse faço" (Romanos 7:19). Ele estava preso no círculo vicioso de não querer fazer algo, mas ser incapaz de resistir a isso, e de querer fazer algo, mas ser incapaz de o fazer. "Quem me livrará do corpo desta morte?" (7:24). Agora que está sob o poder do Espírito Santo, continua Paulo, pode dizer sim a Deus e não à tentação. "Dou graças a Deus por Jesus Cristo, nosso Senhor. Assim que eu mesmo, com o entendimento, sirvo à lei de Deus, mas, com a carne, à lei do pecado" (7:25; 8:2). Sem o Espírito Santo, a nossa vontade humana é fraca e impotente para obedecer; com o Espírito Santo, somos capacitados a obedecer. Não é que quem seja santificado nunca mais possa pecar, mas agora tem o poder para não pecar. A diferença é a graça sustentadora de Deus que nos impede de cair.

A fidelidade baseia-se na fé e na plenitude. Como Wesley foi rápido em acrescentar, o Espírito Santo fortalece a nossa vontade, para que possamos produzir "cada bom desejo, esteja ele relacionado com os nossos temperamentos, palavras ou acções, ou com a santidade interna ou externa".[12]

A Graça Sustentadora como Transformação do Carácter

No seu livro imensamente útil e abrangente sobre discipulado, *After You Believe*, N. T. Wright mostra como o carácter cristão é formado nas pessoas e nas igrejas. Ele refere-se a isso como o longo, mas constante, crescimento na graça que vem como resultado das práticas espirituais e hábitos formados na vida de uma pessoa, que a transforma cada vez mais à imagem de Jesus Cristo. Os escritores antigos chamavam a essa formação de carácter "virtude".

Wright começa o livro recontando a verdadeira história de Chesley Sullenberger, mais conhecido como "Sully". Era uma tarde de quinta-feira, 15 de Janeiro de 2009, e parecia como qualquer outro dia na cidade de Nova Iorque. O jacto comercial descolou às 15h26, com destino a Charlotte. Sully era o comandante. Ele fez todas as verificações de rotina, e tudo pareceu normal até que, apenas dois minutos após a descolagem, o avião bateu num bando de gansos. Ambos

---

12. Wesley, "Sermon 85: On Working Out Our Own Salvation," III.2.

os motores foram severamente danificados e perderam potência. O avião estava a ir para norte, acima de Bronx, uma das partes mais densamente povoadas da cidade. Sully e o seu co-piloto tiveram que tomar decisões importantes rapidamente. As vidas de mais de 150 passageiros, e de mais milhares em terra, estavam em risco.

Os aeroportos mais pequenos mais próximos ficavam muito distantes e aterrar em Nova Jersey seria um desastre. Isso deixou-os apenas com uma opção: aterrar no rio Hudson. Apenas três minutos antes da aterragem, Sully e o seu co-piloto tiveram que fazer algumas coisas vitais para não terem um acidente. (Wright menciona nove diferentes tarefas técnicas). Eles fizeram-nas de forma notável; e aterraram o avião no rio Hudson. Todos saíram em segurança, com o comandante Sully a percorrer o corredor da cabina de ponta a ponta várias vezes para verificar se todos tinham escapado, antes dele mesmo se retirar.[13]

Muitas pessoas disseram que foi um milagre, e em certo nível, foi certamente. No entanto, onde estava o milagre? Os milagres acontecem de muitas formas diferentes. Estava o milagre na mão sobrenaturalmente protectora e orientadora de Deus? Isso é certamente possível. No entanto, há outra maneira de ver isto. Talvez o milagre tenha sido a virtude de Sully, que o tornou capaz de responder com tanta rapidez técnica sob intensa pressão. Se usar a palavra "virtude" desta maneira parece estranho, é porque virtude não é apenas outra maneira de dizer "bom" ou "moral". Wright argumenta que a virtude, no sentido mais estrito da palavra, "é o que acontece quando alguém faz mil pequenas escolhas, que exigem esforço e concentração, para conseguir fazer algo bom e correcto, mas que não 'sai com naturalidade' - e então, pela milésima vez, quando realmente importa,

---

13. Wright, *After You Believe: Why Christian Character Matters* (New York: HarperCollins Publishers, 2010), 18-20.

descobre que está a fazer o que é necessário de forma 'automática', como dizemos".[14]

Por outras palavras: quando parece que algo simplesmente acontece, começamos a perceber que isso não aconteceu por acaso. Como Wright ressalta, se algum de nós estivesse a pilotar o avião naquele dia e tivesse feito apenas o que surge de forma natural, teríamos colidido com a lateral de um prédio. A virtude, formação de carácter - ou, para os nossos propósitos, discipulado - que cresce na graça para se tornar cada vez mais parecido a Jesus, não é o que acontece naturalmente; é também o que acontece quando escolhas sábias e judiciosas se tornam uma segunda natureza. Sully não nasceu com a capacidade de pilotar um avião comercial, nem com os traços de carácter que foram descobertos em pequenos momentos de tempo - como coragem, mão firme, julgamento rápido e preocupação com a segurança de outras pessoas arriscando-se a si próprio. Estas são capacidades e traços adquiridos que exigem prática e repetição específicas ao longo do tempo - até que o que começou por parecer estranho começa a tornar-se normal, e então, o que parece normal começa a estar tão arraigado nas nossas mentes e na memória muscular que reagimos em vez de pensarmos. É uma segunda natureza.

Para não ofender nenhum leitor que possa ser piloto, mas se eu estivesse naquele avião que descia de forma rápida, não queria que fosse um piloto novato a fazer o que lhe saía naturalmente. Se eles tivessem de recorrer ao manual do motor, pesquisar na internet ou recorrer às suas memórias para se lembrarem do que aprenderam na escola de aviação sobre situações de emergência, para conseguirem responder a uma situação de crise que nunca tinham enfrentando, o resultado poderia ter sido muito diferente. O conhecimento não é suficiente; nem a coragem e a determinação. Não. Wright insiste enfaticamente que o que era necessário naquele momento de crise

---

14. Wright, *After You Believe*, 20.

era a virtude praticada de algo que se tornara uma segunda natureza - uma transformação de carácter, "formada por forças específicas, ou seja, 'virtudes' de saber exactamente como pilotar um avião".[15] Acrescentaria que não era um avião qualquer, mas aquele avião em particular - o avião que Sully tinha treinado para conhecer intimamente, em todos os seus detalhes.

A ideia da "segunda natureza" capta a minha atenção, especialmente no que diz respeito ao discipulado, à santidade e à jornada da graça. Poucos discordariam de que qualidades como coragem, resistência, restrição, sabedoria, bom senso e paciência não são naturais para nós. São coisas que são aprendidas e enraizadas no nosso carácter, às vezes através de circunstâncias difíceis e dolorosas, mas sempre através do filtro de comportamentos aprendidos. Um carácter bem estabelecido - de acordo com o Novo Testamento e conforme definido por Wright - é "o padrão de pensamento e acção que percorre alguém, de modo que onde quer que o corte (por assim dizer), vê a mesma pessoa, na sua íntegra".[16]

O oposto de um carácter bem estabelecido é, claro, a superficialidade. Muitas pessoas podem apresentar-se inicialmente como honestas, gentis, positivas e afins, mas quanto mais as conhece, mais as suas verdadeiras cores irão aparecer. Tais pessoas têm apenas uma boa fachada. "Quando confrontados com uma crise, ou simplesmente quando baixam a guarda, são tão desonestos, ranzinzas e impacientes como qualquer pessoa".[17] Qual é o problema? Elas estão apenas a fazer o que lhes vem naturalmente; são auto-conscientes o suficiente para saber que a sua atitude deve ser diferente, mas não adquiriram os novos hábitos da segunda natureza para reagir bem a desafios e decepções repentinos. O carácter de alguém não é feito nas crises;

---

15. Wright, *After You Believe*, 21.
16. Wright, *After You Believe*, 27.
17. Wright, *After You Believe*, 27.

é sim revelado nelas. Quando não temos tempo para pensar, quem realmente somos é constantemente exposto.

H. Ray Dunning mostrou como alguns dos termos de Wesley do século XVIII diferem do uso contemporâneo. Por exemplo, no que diz respeito à nossa discussão sobre o livre arbítrio, "liberdade" foi o termo que ele usou para liberdade de escolha, enquanto o termo "vontade" foi usado para se referir ao que chamou de "afeições", ou as inclinações que motivam a acção humana. As afeições não se referiam a sentimentos que vêm e vão, nem eram alteradas por modificações temporárias de comportamento. Elas tinham mais a ver com o nível mais profundo da razão de uma pessoa escolher certas coisas ou acções. Intimamente relacionado às afeições estava o uso de Wesley do termo "temperamento". Um temperamento no século XVIII não significava que uma pessoa estivesse irritada ou que se chateasse facilmente. Pelo contrário, estava mais em linha com a forma como utilizamos o termo 'temperamento' hoje em dia. Wesley usou temperamento no sentido de "uma disposição duradoura ou habitual de uma pessoa".[18] Ou, mais exactamente, aquelas afeições humanas que são focadas e desenvolvidas em aspectos duradouros do carácter de alguém, cultivadas pelos meios da graça, até que não sejam mais situações momentâneas, mas se tornam virtudes estáveis a longo prazo e, quando feitas com a intenção justa, sejam " temperamentos santos".

"Temperamentos santos" era uma expressão frequentemente usada nos ensinos de Wesley sobre o discipulado, especialmente nas suas reflexões sobre o fruto do Espírito em Gálatas. "Mas o fruto do Espírito é: amor, gozo, paz, longanimidade, benignidade, bondade, fé, mansidão, temperança" (Gálatas 5:22–23). Vale a pena destacar várias facetas deste texto. Para começar, Wesley foi rápido a mencionar que o fruto era singular, não plural ("frutos"). Se fosse plural, a pessoa podia sentir-se tentada a focar-se num "fruto" em vez doutro, como se

---

18. Maddox, *Responsible Grace*, 69.

a fidelidade fosse o nosso foco e a generosidade pudesse ser ignorada. O fruto como um todo unificado é evidência de que o Espírito de Deus está a trabalhar. As características do fruto não são independentes. Então, à medida que crescemos, as nove variedades do fruto trabalham juntas para criar uma imagem convincente do que acontece quando o Espírito Santo está no controlo de uma vida consagrada. N. T. Wright aponta que Paulo, "não prevê uma especialização".[19] Assim como se pode identificar um pessegueiro pelos frutos que produz, um cristão é conhecido pelo fruto do Espírito - temperamentos santos que são evidenciados na vida de alguém. Não é de surpreender que Wesley se apresse em acrescentar que o amor começa a lista dos temperamentos santos, porque as nove variedades são todas expressões de amor. No entanto, ao longo da jornada da graça, todas as características de Cristo serão manifestadas nas nossas vidas.

Talvez o mais importante a entender para a jornada da graça é que esses temperamentos santos não são experimentados instantaneamente. Em vez disso, como explica Randy Maddox, "a graça regeneradora (salvadora) de Deus desperta nos crentes as 'sementes' de tais virtudes. Então, estas sementes fortalecem-se e tomam forma à medida que 'crescemos na graça'. Dada a liberdade, este crescimento envolve a cooperação responsável, pois poderíamos, ao invés, negligenciar ou sufocar o gracioso poder de Deus".[20] Há muito que extrair da explicação de Maddox. No entanto, a ideia principal que não devemos perder é que a virtude deve ser nutrida para que possa aumentar.

Pela graça de Deus, somos salvos e santificados num determinado momento, e somos capacitados a iniciar a jornada em direcção à semelhança a Cristo - as sementes da justiça são plantadas. Num empreendimento da graça, temos a liberdade de deixar uma vida

---

19. Wright, *After You Believe*, 195.
20. Randy Maddox, "Reconnecting the Means to the End: A Wesleyan Prescription for the Holiness Movement," *Wesleyan Theological Journal*, vol. 33, No. 2 (Fall 1998), 41.

de pecado e interesse próprio, para que possamos amar a Deus com todo o coração, alma, força e mente. Não obstante, as três virtudes permanentes da fé, esperança e amor (1 Coríntios 13:13) e as nove variedades do fruto que procedem da vida cheia do Espírito são dotadas e cultivadas. O fruto do Espírito não aparece de repente, nem, como Wright corretamente afirma, "cresce automaticamente". Há, sem dúvida, indícios promissores iniciais de que o fruto está a caminho. "Muitos novos cristãos, particularmente quando uma conversão repentina significou um afastamento dramático de um estilo de vida cheio de 'obras da carne', relatam a sua própria surpresa com o desejo que surge dentro deles de amar, perdoar, ser gentil e ser puro. 'De onde é que tudo isso veio?', perguntam eles. 'Eu não costumava ser assim'. Isto é algo maravilhoso, um sinal certo de que o Espírito está a trabalhar".[21]

Estas incríveis mudanças de "afeição" não são nada menos do que um puro presente da graça. No entanto, os novos cristãos não se podem tornar passivos. Têm que desenvolver o que Deus está a fazer neles. A mesma graça que tornou possível esta mudança de "afeição" deve agora ser transformada num "temperamento santo", cultivado por meio de novos hábitos e práticas adquiridas. Mais uma vez, Wright argumenta precisamente com uma imaginação aguçada de discipulado: "Estes [novos desejos] são as flores; para obter o fruto, precisa de aprender a ser jardineiro. Tem que descobrir como cuidar e podar, como irrigar o campo, como manter os pássaros e esquilos afastados. Deve ter cuidado para evitar pragas e fungos, cortar a hera e outros parasitas que sugam a vida da árvore e garantir que o tronco jovem possa permanecer firme debaixo de ventos fortes. Só então o fruto aparecerá".[22]

---

21. Wright, *After You Believe*, 195-196.
22. Wright, *After You Believe*, 196.

As flores são certamente o sinal de "Cristo em vós, esperança da glória" (Colossenses 1:27), mas para obter o real fruto de um carácter maduro e semelhante a Cristo, devemos tornar-nos jardineiros. As sementes devem agora começar a dar fruto. As afeições, ao serem rendidas, produzem temperamentos santos, uma nova disposição, que produz pensamentos cristãos, e acções que começam a funcionar de maneira natural.[23] "Nisto é glorificado meu Pai: que deis muito fruto; e assim sereis meus discípulos" (João 15:8). As flores tornam-se frutos - as sementes tornam-se virtude. O poder energizante de Deus torna-se a graça sustentadora.

Vício e Virtude

Paulo admoesta os cristãos de Corinto: "Examinai-vos a vós mesmos se permaneceis na fé; provai-vos a vós mesmos. Ou não sabeis, quanto a vós mesmos, que Jesus Cristo está em vós?" (2 Coríntios 13:5). No seu estilo perceptivo habitual, a paráfrase de Eugene Peterson é apropriada: "Testem-se para saber se estão firmes na fé. Não se enganem, pensando que tudo está garantido. Criem o hábito do auto-exame. Vocês precisam de evidências na primeira mão, não apenas de ouvir dizer que Jesus Cristo está em vocês. Façam o teste. Se o resultado não for bom, tomem alguma providência" (versículos 5-9).

Exames regulares de saúde são sempre melhores do que ataques cardíacos ou derrames. Um problema que é encontrado cedo o suficiente geralmente é tratável. Da mesma forma, uma manutenção rotineira do automóvel geralmente pode prevenir falhas catastróficas do motor. Ao longo da história bíblica, os períodos de quarenta dias foram reconhecidos como tempos de preparação, purificação e

---

23. "A linguagem de Wesley das acções santas a 'fluir' dos temperamentos santos sugere que ele apreciou o sentido em que as afeições habituais trazem 'liberdade' às acções humanas - a liberdade que vem da prática disciplinada (por exemplo, a liberdade de tocar um concerto de Bach)." Maddox, *Responsible Grace*, 69.

inventário espiritual.[24] Alguém poderia argumentar que o objectivo dos reavivamentos e acampamentos na tradição de santidade é fazer exames regulares, corporativos e pessoais. Conforme referenciado por Paulo aos coríntios, o crescimento espiritual requer saúde espiritual. No espírito do conselho de Paulo, a insistência de Wesley de que os crentes se reunissem em pequenos grupos de prestação de contas ("classes" como ele as chamava) era para praticar a disciplina de exames regulares de saúde espiritual.

Quais são os sinais de alerta da doença cardíaca espiritual? Classificados pela igreja no século VI, os sinais de alerta foram identificados como "pecados capitais" ou "vícios mortais". Assim como o colesterol alto é um alerta para doenças cardíacas e a dificuldade em engrenar mudanças é uma indicação de uma má transmissão, estes sinais são indicadores de tendências não saudáveis no nosso discipulado e, a menos que sejam tratados, podem levar à morte espiritual. O entendimento histórico da igreja sobre o vício - normalmente chamado de "os sete pecados capitais" - é mais abrangente e inclui o seguinte:

Orgulho: colocar o eu no lugar de Deus como o centro e principal objectivo da vida; recusa em reconhecer a sua posição como criatura, dependente de Deus.

Irreverência: negligência deliberada da adoração a Deus, ou satisfação com a participação superficial nela; cinismo manifestado em relação ao santo ou uso do cristianismo para benefício pessoal.

Sentimentalismo: satisfação com sentimentos de piedade e uma bela cerimónia, sem procurar a santidade pessoal; nenhum interesse em carregar a cruz ou no sacrifício pessoal; uma maior atracção para com a espiritualidade emocional do que para os compromissos de sacrifício.

---

24. A época da Quaresma no calendário cristão é baseada no conceito de quarenta dias de auto-exame.

Desconfiança: recusa em reconhecer a sabedoria e o amor de Deus; preocupação, ansiedade, escrupulosidade ou perfeccionismo indevidos; tentativas de obter ou manter o controlo da vida através do espiritualismo, timidez indevida ou cobardia.

Desobediência: rejeição da vontade conhecida de Deus; recusa em aprender a natureza de Deus tal como revelada na Sagrada Escritura; quebrar a confiança por irresponsabilidade, traição e decepcionar desnecessariamente os outros; quebrar contratos legais ou morais.

Impenitência: recusa em procurar e encarar os pecados, ou confessá-los diante de Deus; auto-justificação, acreditando que os pecados são insignificantes, naturais ou inevitáveis; recusar-se a pedir desculpa e reconciliar-se com o próximo ou não querer perdoar a si mesmo.

Vaidade: falha em creditar Deus e os outros pelas suas contribuições na vida de alguém; vanglória, exagero e comportamento ostensivo; preocupação indevida com "coisas".

Arrogância: ser autoritário e argumentativo; ser opinativo e obstinado.

Ressentimento: rejeição de talentos, habilidades ou oportunidades que Deus e outros oferecem para o nosso bem-estar; rebelião e ódio a Deus ou aos outros; cinismo.

Inveja: insatisfação com o nosso lugar na ordem da criação de Deus; manifesta-se nos ciúmes, malícia e desprezo pelos outros ou pelas "coisas" dos outros.

Cobiça: recusa em respeitar a integridade das outras criaturas, expressa na acumulação de coisas materiais para provar a auto-estima; o uso de terceiros para vantagem pessoal; a busca por estatuto e poder em detrimento dos outros.

Ganância: desperdício de recursos naturais ou bens pessoais; extravagância ou viver além das suas possibilidades; manifesta-se em ambição desordenada ou domínio de outros e protecção indevida das "coisas"; mesquinhez; avareza.

Gula: excesso de apetite natural por comida e bebida; a busca desmedida por prazer e conforto; manifesta-se em intemperança e falta de disciplina.

Luxúria: mau uso do sexo; inclui falta de castidade, falta de recato, prudência e crueldade; não reconhece o casamento como o relacionamento ordenado por Deus para a sexualidade.

Ociosidade: recusa em responder às oportunidades de crescimento, serviço e sacrifício; inclui preguiça em deveres espirituais, mentais ou físicos; negligência da família; indiferença à injustiça ou às pessoas que sofrem no mundo; negligenciando os necessitados, solitários e impopulares.

Os sinais de alerta podem ser subtis, mas perigosos para a alma. Quando queremos ficar fisicamente saudáveis, mudamos certos padrões de estilo de vida e fazemos escolhas alimentares em relação aos nossos novos desejos - ocasionalmente, é necessária medicação para complementar ou compensar o que o nosso corpo não consegue produzir por si próprio. Quando queremos fazer a manutenção do nosso veículo, trocamos o óleo e os pneus - algumas peças até precisam de ser substituídas. A verdade é que tanto os nossos corpos como os nossos carros trabalham melhor quando não há uma solução rápida. É preferível a manutenção regular e contínua. A vida do discipulado funciona da mesma maneira. É certo que não se pode simplesmente livrar-se de certos padrões prejudiciais sem substituí-los por outra coisa, algo melhor. Deve haver um substituto bom que seja mais forte do que o mal actual. Qualquer pessoa no caminho da recuperação de um vício lhe dirá que algo deve substituir a dependência. Deve haver uma paixão espiritual superior para substituir a paixão inferior e pecaminosa. Da mesma forma, deve haver um programa de manutenção regular para aprimorar a nossa jornada de graça - uma maneira regular e sistemática de manter o nosso discipulado em níveis máximos de desempenho.

Qual é o bom substituto para os vícios mortais? Qual é o plano de manutenção da graça sustentadora? O Novo Testamento identifica o bom substituto como o fruto do Espírito - aquelas virtudes vivificadoras que deslocam os instintos inferiores da nossa carne. O plano regular e sistemático de manutenção é chamado de disciplinas espirituais. Os atletas profissionais fazem voltas, alongam e levantam pesos - não por diversão ou porque estão entediados, mas porque estão determinados a atingir uma meta. Os exames espirituais não precisam ser cirurgias grandes ou invasivas. Eles podem ser exames de bem-estar. O remédio do bom substituto é o fruto do Espírito; o plano de manutenção da saúde para aumentar a nossa receptividade à actividade de Deus é constituído pelas disciplinas espirituais. Elas são elementos essenciais da graça sustentadora.

A Disciplina como Meio de Graça

O escritor de Hebreus reconhece a importância da disciplina espiritual: "E, na verdade, toda correcção, ao presente, não parece ser de gozo, senão de tristeza, mas, depois, produz um fruto pacífico de justiça nos exercitados por ela" (12:11). A disciplina pode ter uma conotação negativa, se for vista como punição por transgressão. No entanto, como reconhece Hebreus, também existe algo chamado disciplina para proteger ou fortalecer. Este é o aspecto da disciplina a que Hebreus se está a referir. "Se suportais a correcção, Deus vos trata como filhos; porque que filho há a quem o pai não corrija? Mas, se estais sem disciplina, da qual todos são feitos participantes, sois, então, bastardos e não filhos" (12:7–8).

Duas coisas dignas de nota: (1) o escritor não podia imaginar filhos que não fossem beneficiários da disciplina dos pais; (2) o escritor visualiza a disciplina como uma forma de amor santo. Amar um filho inclui disciplina. Não é um castigo quando se nega a um filho uma pizza à meia-noite, se estabelece um horário para ir dormir, ou se impõe limites no que poder ver na Netflix. O pai sábio sabe que isto não é punição; é preparação para o futuro deles. Pode parecer injusto para o filho, até cruel, mas chega um dia em que ele aprende a apreciar os limites estabelecidos pelos pais amorosos para protegê-lo e ajudá-lo a tornar-se um adulto saudável e em pleno funcionamento. De maneira semelhante, Deus disciplina-nos para a santidade. Pode não parecer agradável na altura, mas planta sementes para o fruto pacífico de uma vida justa, e - não perca esta parte - temos que ser treinados nela.

E. Stanley Jones disse sabiamente: "Não pode alcançar a salvação pelas disciplinas - é um presente de Deus. Mas não pode retê-la sem as disciplinas".[25] Quanto à formação do carácter, Agostinho tem os créditos da definição de virtude como "um bom hábito condizente com a nossa natureza". Além disso, Jones cita os hábitos simples de Jesus como exemplo de alguém totalmente dependente de Deus e pessoalmente disciplinado nos seus hábitos: "Ele fez três coisas por hábito: (1) 'Levantava-se para ler como era costume' - lia a Palavra de Deus por hábito. (2) 'Saía para a montanha para orar como era costume' - orava por hábito. (3) 'Ensinou-os novamente como era costume' - transmitia aos outros por hábito o que tinha e o que tinha encontrado. Esses hábitos simples eram os hábitos fundamentais da sua vida".[26] Os hábitos santos formam discípulos saudáveis. Voltando à ideia de Wesley acerca dos temperamentos santos, ele acreditava que eram formados nos cristãos ao participarem na vida da igreja através de práticas habituais a que ele chamava de "os meios da graça" - também conhecidos como disciplinas espirituais.

---

25. E. Stanley Jones, *Conversion* (Nashville: Abingdon Press, 1991), quoted in Richard J. Foster and James Bryan Smith, eds., *Devotional Classics: Selected Readings for Individuals and Groups* (Englewood, CO: Renovaré, 1990), 281.
26. Jones, Conversion, quoted in Foster and Smith, *Devotional Classics*, 282.

Os meios da graça são canais da graça transformadora de Deus - aquelas actividades que nos canalizam a actividade de Deus na jornada da graça.

Para Wesley, esses meios eram transmitidos através do que ele chamava de obras de piedade e obras de misericórdia. As obras de piedade são principalmente o que fazemos para melhorar o nosso relacionamento pessoal com Cristo. As obras de misericórdia estão ligadas ao que fazemos para envolver o ministério e a missão de Deus no mundo. Tanto as obras de piedade como as de misericórdia têm uma componente individual (algo que se pode fazer sozinho) e uma componente comunitária (algo que deve ser feito com a ajuda de outros).

As obras individuais de piedade incluem meditar nas Escrituras, oração, jejum, partilhar a fé com outros (evangelismo) e doar generosamente os nossos recursos. As obras comunitárias de piedade incluem a adoração partilhada, participação nos sacramentos da Santa Ceia e baptismo cristão, prestação de contas uns aos outros (também conhecida como "conferência cristã"), estudo da Bíblia e pregação. Mais uma vez, realizamos esses eventos religiosos não apenas porque somos cristãos, mas também porque são "práticas infundidas pelo Espírito que reformarão e reciclarão os vossos amores... práticas contra-formativas, com rituais que moldam a fome e liturgias que moldam o amor", porque através dessas práticas aprendemos a viver em Cristo. (Ver Colossenses 3:12–16).[27]

Sacramentos como Meios da Graça

Um maior detalhe sobre a importância dos sacramentos será útil para a jornada da graça. A palavra "sacramento" origina-se numa palavra latina que significa "santificar, consagrar" ou "tornar sagrado, santo", que por sua vez é derivada da palavra grega para "mistério". Quando alinhados, um sacramento é "um mistério sagrado".

---

27. James K. A. Smith, *You Are What You Love: The Spiritual Power of Habit* (Grand Rapids: Brazos Press, 2016), 68-69.

João Wesley tomou emprestado a sua definição de sacramento do catecismo do Livro Anglicano de Oração (que tomou emprestado da definição sucinta de Agostinho), com uma leve adaptação para maior clareza: "Um sinal externo de uma graça interior e um meio pelo qual o recebemos".[28] Combinando a ideia de mistério e meios sagrados, N. T. Wright descreve os sacramentos como "aquelas alturas em que a vida do céu se cruza misteriosamente com a vida da terra".[29] Algumas tradições cristãs observam mais sacramentos do que outras. Normalmente, os protestantes defendem dois: o baptismo e a Eucaristia (também conhecida como Ceia do Senhor ou Santa Ceia).[30]

João Wesley incentivou veementemente "uma estreita participação em todas as ordenanças (disciplinas espirituais)"[31], mas especialmente na Santa Ceia. Ele referiu-se a ela como "o grande canal" pelo qual a graça nos é transmitida e até identificou a participação nela como o primeiro passo para desenvolver a nossa salvação.[32] Este dinâmico ponto de vista foi baseado na sua crença de que a Santa Ceia é mais do que uma lembrança simbólica da morte de Cristo, mas que a presença real de Cristo, pelo Espírito Santo, é experimentada quando se recebe a Ceia do Senhor.[33] Isto levou Wesley a tirar duas conclusões consideráveis. Primeiro, pelo facto de a graça presente ser estendida para a vida cristã fortalecida, a Santa Ceia deve ser recebida o mais

---

28. Rob L. Staples, *Outward Sign and Inward Grace: The Place of Sacraments in Wesleyan Spirituality* (Kansas City, MO: Beacon Hill Press of Kansas City, 1991), 21. Ênfase acrescentada.
29. Wright, *After You Believe*, 223.
30. A justificativa para os dois sacramentos é uma preferência por praticar apenas os instituídos por Jesus Cristo. (também conhecidos como "sacramentos dominicais").
31. Wesley, *A Plain Account of Christian Perfection*, Annotated, 45.
32. Maddox, *Responsible Grace*, 202.
33. "Quando Jesus diz 'memória', a palavra grega é anamnese. É muito mais que uma lembrança histórica. Aponta para uma lembrança inspirada pelo Espírito Santo que introduz o evento do passado no presente de tal forma que ele está, literalmente, 'acontecer novamente'". J. D. Walt, "Wonder Bread," *Seedbed Daily Text*, April 24, 2020, https://www.seedbed.com/ wilderness-wonder-bread/.

rápido possível. Segundo, pelo facto de a presença do Espírito Santo na Santa Ceia ser o equivalente à prontamente disponível graça salvadora, santificadora e sustentadora de Deus, poderia ser considerada uma "ordenança de conversão"[34] - uma pessoa com um coração arrependido poderia ser salva - e um meio para a promoção da santidade. Esta visão elevada da Santa Ceia levou o teólogo nazareno Rob Staples a referir-se a ela como o "sacramento da santificação".[35]

O baptismo é muito mais do que um simples ritual ou testemunho público. Significa a nossa morte e ressurreição com Cristo. "De sorte que fomos sepultados com ele pelo baptismo na morte; para que, como Cristo ressuscitou dos mortos pela glória do Pai, assim andemos nós também em novidade de vida" (Romanos 6:4). Não se entra no reino de Deus - eventualmente, deve haver uma morte para o pecado e para o "eu" e uma ascensão para uma nova vida.[36] O baptismo marca esse momento. "O baptismo deixa bem claro que toda a vida cristã é uma questão de ser assinado com a cruz, de partilhar na cruz, de tomar a cruz e seguir Jesus"[37]. Wesley não incluiu o baptismo em nenhuma das suas listas formais dos meios da graça, não porque o desvalorizava, mas por causa do seu papel inicial na comunidade da fé e como um evento único na vida do crente. Assim, para Wesley, o baptismo marcava o início da vida de santidade, enquanto Wesley via os outros meios da graça como repetições necessárias para a busca contínua da santidade.[38] Wesley estava muito alinhado com os

---

34. "Ordenança de Conversão" é uma expressão que João Wesley usou pessoalmente. Staples, *Outward Sign and Inward Grace*, 252. Pelo testemunho da sua própria mãe, de que ela recebeu plena certeza da sua fé ao participar na Santa Ceia e por muitos outros testemunhos de experiências como essa, Wesley ficou convencido de que o momento da Santa Ceia "re-apresenta" o sacrifício de uma vez por todas de Cristo, numa apresentação dramática, transmitindo o seu poder salvífico". Maddox, *Responsible Grace*, 203.
35. Ver Staples, *Outward Sign and Inward Grace*, 201–249.
36. Wright, *After You Believe*, 281.
37. Wright, *After You Believe*, 281.
38. *Staples, Outward Sign and Inward Grace*, 98; Maddox, *Responsible Grace*, 222.

reformadores ingleses em grande parte da sua visão baptismal, mas diferia deles de duas maneiras substanciais. Segundo Maddox, Wesley exaltava "a transformação graciosa de poder das nossas vidas" sobre a concessão do nosso "perdão jurídico (um foco na culpa e na necessidade de perdão)". Esta é uma distinção importante, porque significa que o baptismo não é apenas um sinal de que os nossos pecados são perdoados, mas também que estamos a ser curados da nossa natureza pecaminosa e do dano que o pecado nos infligiu.[39] Além disso, para Wesley, embora a graça do baptismo seja "suficiente para iniciar a vida cristã", é preciso participar de maneira responsiva e responsável com a graça que é dada para que os meios da graça sejam totalmente eficientes.[40] Nesse sentido, o baptismo é um sinal e símbolo da disposição de alguém de se envolver plenamente no que é necessário para alimentar uma vida santa.

O historiador e estudioso nazareno Paul Bassett, disse-me uma vez que a mais antiga liturgia baptismal registada, do final do século IV, incluía a imposição de mãos do oficiante e a expressão das palavras (minha paráfrase): "E agora recebe a graça e a cura do nosso Senhor Jesus Cristo, e que o poder do Espírito Santo trabalhe dentro de ti, para que, nascendo das águas e do Espírito, sejas uma testemunha fiel". Em resumo, recebi graça; estou a ser curado; serei um discípulo de Jesus.

Relacionamentos de Prestação de Contas

Qualquer discussão sobre a graça sustentadora na vida do discipulado seria incompleta - especialmente para aqueles na tradição

---

39. Existem diferenças significativas entre as tradições cristãs ocidentais (latinas) e orientais (gregas) em relação ao significado da salvação. "O cristianismo ocidental (protestante e católico) passou a ser caracterizado por uma ênfase jurídica dominante na culpa e na absolvição, enquanto a soteriologia ortodoxa oriental tipicamente enfatizava mais a preocupação terapêutica de curar a nossa natureza doente de pecado". Maddox, *Responsible Grace*, 23. A visão de Wesley do significado do baptismo incluía ambas, mas enfatizava o aspecto de cura e de vida.
40. Maddox, *Responsible Grace*, 23.

wesleyana de santidade - sem mencionar a importância dos relacionamentos espirituais de prestação de contas. Wesley desenvolveu uma estrutura prática que acreditava ser necessária para todos os cristãos em crescimento. Compreendendo a propensão do egocentrismo (que leva à falta de auto-consciência) e a tenaz tentação de viver vidas isoladas, Wesley instituiu cinco níveis aos quais chamou de "conferência cristã". Eram sociedades (semelhantes às aulas de Escola Dominical projectadas para educação e instrução cristã), classes (mais sobre este assunto mais tarde), grupos (pequenos grupos), sociedades seleccionadas (desenvolvimento e orientação de liderança) e grupos penitentes (grupos de recuperação).

Embora todos os níveis da conferência cristã tenham sido vantajosos como um meio de graça, Wesley chegou a acreditar que a classe era a essência da comunidade cristã e vital para o crescimento à semelhança de Cristo. Assim, tornou-se o "método" do movimento metodista e, segundo muitos, foi a maior contribuição organizacional de Wesley para a vida de santidade. O seu foco principal não era a educação cristã, por si só, mas os comportamentos, enfatizando o ambiente prático e o ambiente mais adequado para a transformação espiritual. Os estudos bíblicos e o ensino doutrinário eram importantes, mas eram reservados para as sociedades. As pessoas estavam nas classes para fazer perguntas sobre o progresso espiritual de cada membro. Estavam lá para olharem-se nos olhos e fazerem a pergunta: "Como está a tua alma?". Eles deveriam responsabilizar-se pelo crescimento na graça e oferecer qualquer incentivo necessário para se estimularem uns aos outros em direcção à santidade do coração e da vida.[41]

O pregador protestante mais famoso do século XVIII não era João Wesley. Essa designação pertencia a outro inglês, George Whitefield.

---

41. Esta secção sobre as classes é adaptada do meu livro sobre ministério urbano. Para obter mais detalhes sobre a conferência cristã e o impacto das classes no Metodismo, consulte David A. Busic, *The City: Urban Churches in the Wesleyan-Holiness Tradition* (Kansas City, MO: The Foundry Publishing, 2020).

Pregador eloquente e dinâmico, Whitefield foi universalmente considerado a voz do protestantismo em todo o mundo ocidental e um dos principais impulsionadores do Grande Despertar na América do Norte.[42] Wesley e Whitefield eram amigos íntimos, e cada um admirava a contribuição do outro para fortalecer a igreja. Mas no fim, foi o trabalho de Wesley que perdurou e não o de Whitefield. Adam Clarke, um contemporâneo mais jovem de Wesley, atribuiu o fruto duradouro do reavivamento wesleyano directamente às reuniões das classes.

> Por larga experiência, reconheço a propriedade do conselho do Sr. Wesley: "Estabeleça classes onde quer que pregue e tenha ouvintes atentos; pois, se tivermos pregado sem o fazer, a palavra tem sido como a semente à beira do caminho". Foi por este meio [da graça] que fomos capacitados a estabelecer igrejas permanentes e santas no mundo. Wesley viu esta necessidade desde o início. Mas Whitefield... não. Qual foi a consequência? O fruto do trabalho de Whitefield morreu consigo mesmo. O fruto do trabalho de Wesley permanece e multiplica-se.[43]

O próprio Whitefield, em resposta a uma pergunta sobre o impacto do reavivamento wesleyano, reflectiu mais tarde: "O meu irmão Wesley agiu com sabedoria; as almas que foram despertadas sob o seu ministério, foram agrupadas por ele em classes e, assim, preservou os frutos do seu trabalho. Eu negligenciei isso e o meu povo é como os grãos de areia".[44]

O discipulado pode ser pessoal, mas não deve ser privado. Cristãos isolados estão em perigo porque a fé insular produz discípulos fracos e infrutíferos. A adoração partilhada e a educação cristã são benéficas

---

42. Harry S. Stout, *The Divine Dramatist: George Whitefield and the Rise of Modern Evangelicalism* (Grand Rapids: Eerdmans, 1991), xiii–xvi.
43. J. W. Etheridge, *The Life of the Rev. Adam Clarke* (New York: Carlton and Porter, 1859), 189.
44. Etheridge, *The Life of the Rev. Adam Clarke*, 189.

e necessárias, mas, sem uma vida compartilhada de relacionamentos íntimos e amorosos, combinados com a aplicação do conhecimento recebido, será difícil operar "a vossa própria salvação" (Filipenses 2:12). O segredo para o crescimento saudável e feliz na graça está na repetida expressão de Wesley, "vigiando uns aos outros em amor".[45]

A Misericórdia do Auto-Controlo

Aprender a orar, jejuar, ler as Escrituras, reflectir, estudar, a simplicidade, a solidão, a submissão, o serviço, a confissão, a adoração e a prestação de contas relacional são exemplos de meios de graça. Estas e outras disciplinas espirituais como elas, são parte integrante da graça sustentadora.

Poderá dizer: "Não tenho aptidão para essas coisas!". Junte-se ao clube. O facto é que ninguém tem aptidão para elas, no início. Elas não são glamorosas e exigem muito trabalho e prática contínua. Não se esqueça, com o Espírito a ajudar, a nossa velha natureza está a ser transformada numa nova até que o que antes não vinha naturalmente, se torne uma segunda natureza e "até que Cristo seja formado em vós" (Gálatas 4:19). Talvez seja por isto que o auto-controlo esteja listado como a última característica do fruto do Espírito. O auto-controlo é necessário porque o fruto não é automático. As flores mostram sinais iniciais de potencial, mas sem a concentração sintonizada e a atenção deliberada, é improvável que o fruto amadureça.

Wright enfaticamente afirma que alguns frutos podem ser simulados: "As variedades do fruto que Paulo menciona aqui são comparativamente fáceis de falsificar, especialmente em pessoas jovens, saudáveis e felizes - excepto o auto-controlo. Se essa característica não existe, vale sempre a pena perguntar se a aparência das outras características do fruto é apenas isso, uma aparência, em vez de um

---

45. John Wesley, "The Nature, Design, and General Rules of the United Societies," *Works*, 9.69.

sinal real de que o Espírito está a trabalhar".[46] Não admira, portanto, que o auto-controlo esteja subjacente ao firme compromisso de cultivar a vida de santidade.

Existem muitos parasitas, muitos arbustos alienígenas que ameaçam sufocar a árvore frutífera, muitos predadores prontos a morder as raízes ou a arrebatar o fruto antes que ele amadureça. Deve ser uma escolha consciente da mente, do coração e da vontade de lidar com todos esses inimigos sem piedade. Só porque "vive no Espírito", não quer dizer que seguir o Espírito seja uma direcção automática. Tem de a escolher. E pode fazê-lo.[47]

Graça Sustentadora: Espiritual e Prática

A graça sustentadora é espiritual e prática. É espiritual porque precisa do Espírito. Assim como o fruto físico é o produto natural de uma coisa viva, o fruto espiritual é o produto do Espírito Santo. Não podemos fabricar a profunda obra de Deus em nós pelo poder do Espírito Santo - é o que vem de fora e, como tal, é totalmente um presente. No entanto, também é prático; de forma simples, requer exercícios/práticas. Estas práticas assumem a forma da jardinagem, para que o que começou em nós seja "completado" (Filipenses 1:6, OL) e produza "frutos de justiça" (Filipenses 1:11, OL). Nenhum agricultor que planta milho à segunda-feira espera comer espigas de milho no domingo seguinte. Da semente à colheita é preciso cultivo e tempo. A água e a luz solar são necessárias, os fertilizantes devem ser aplicados e as ervas daninhas devem ser tratadas se quisermos aproveitar os benefícios da fruição.

Somos uma cultura instantânea: café instantâneo, pipocas de microondas e internet de alta velocidade. As pessoas nos cafés gritam com os seus portáteis se demorarem mais de alguns segundos a ligarem-se ao Wi-Fi. A expectativa de tudo instantâneo deixa todos

---

46. Wright, *After You Believe*, 196.
47. Wright, *After You Believe*, 196–197.

impacientes. De onde vem isto? Mantenho que é alimentado por um desejo enraizado de gratificação instantânea, que não é um fenómeno moderno - está na raça humana há muito tempo. Embora existam muitos exemplos nas Escrituras do vírus mortal que é a gratificação instantânea, Esaú - famoso pelo direito de primogenitura - é o mais infame. A sua triste reputação foi estabelecida após um longo e malsucedido dia de caça. Quando voltou ao acampamento, estava faminto. O seu astuto irmão gémeo, Jacob, estava a preparar um guisado vermelho numa fogueira. Esaú exigiu comer. Sempre a calcular os seus passos, Jacob negociou um acordo: "Vende-me, hoje, a tua primogenitura" (Génesis 25:31).

O direito de primogenitura, ou o direito do primogénito (também conhecido como lei da primogenitura), era uma regra de herança comum que garantia privilégios financeiros e a autoridade familiar ao filho mais velho do sexo masculino - uma bênção prestigiosa e lucrativa. Jacob ter pedido a Esaú para lhe vender um bem tão valioso por uma tigela de guisado foi escandaloso. A resposta de Esaú foi igualmente ultrajante: "Eis que estou a ponto de morrer, e para que me servirá logo a primogenitura?" (25:32). Ele estava disposto a trocar a sua posse mais valiosa e estimada por um momento de gratificação instantânea - literalmente, uma tigela de guisado.

A ironia não pode ser ignorada. Que tipo de pessoa impulsiva trocaria algo de valor infinito e inestimável por um momento de gratificação instantânea que terminaria dentro de alguns momentos? No entanto, a nossa cultura de gratificação instantânea fá-lo constantemente: troca algo de valor infinito e inestimável por algo que se sabe que vale muito menos - algo duradouro por algo de curta duração. "Eu quero o que quero e quero-o agora! Quero que os meus apetites sejam satisfeitos, mesmo que me custe tudo". Não é de admirar que o escritor de Hebreus iguale a acção de Esaú à imoralidade pecaminosa: "E ninguém seja fornicador ou profano, como Esaú, que, por um manjar, vendeu o seu direito de primogenitura. Porque bem sabeis que, querendo ele ainda depois herdar a bênção, foi rejeitado, porque não achou lugar de arrependimento, ainda que, com lágrimas, o buscou" (Hebreus 12:16–17). É uma lição trágica e aprendida de forma dura que não deve ser ignorada. É necessária disciplina para a vida santificada e não se pode prejudicar o processo de discipulado.

Tiger Woods é aclamado como um dos maiores jogadores de golfe da história. Quando eu era jovem e estava a aprender a jogar golfe, tentei imitar o seu estilo. Até comprei um chapéu para combinar com os que ele usava". Havia apenas um problema: Tiger praticava durante horas todos os dias e isso acontecia desde que tinha começado a andar.[48] Mesmo quando se tornou o melhor jogador de golfe do mundo, os especialistas disseram que, ainda assim, continuava a praticar mais do que qualquer outro. Posso dizer que quero jogar golfe como o Tiger Woods, mas isso não significa nada a menos que o meu compromisso com os treinos seja proporcional ao meu desejo. A gratificação instantânea não será suficiente. Não importa o quanto eu queira que seja diferente, o meu jogo de golfe será proporcional ao meu compromisso com os treinos.

Às vezes, as pessoas dizem: "Quero ser como a irmã tal e tal. Ela parece estar tão perto de Deus. Vejo Jesus nela. Ela é uma santa". Não é mau vê-la como um bom exemplo de semelhança a Cristo e procurar imitar o seu estilo de vida, mas o que talvez não saiba são as horas e horas que ela passa a sós com o Senhor em meditação e oração - as décadas que ela tem gasto no campo da prática espiritual, sendo moldada para o resultado que se vê agora. Ela não chegou onde está cedendo à gratificação instantânea. As práticas espirituais formaram temperamentos santos nela que agora se parecem a virtudes. Ela plantou o fruto do Espírito, e é por isso que amor, alegria, paz,

---

48. Woods apareceu num bem conhecido programa de televisão aos dois anos de idade e mostrou a sua habilidade no golfe.

paciência, bondade, bondade e auto-controlo parecem obviamente tão presentes.

A santidade não é um momento de tempo e voilá! - a virtude é adquirida. Não! É no que somos formados. "A conversão é um presente e uma conquista. É o acto de um momento e o trabalho de toda uma vida".[49] A paciência a longo prazo é o que é necessário para a jornada da graça. Devemos cultivar o fruto.

Parece correcto concluir um capítulo sobre a graça capacitadora de Deus com uma oração pela pureza que foi feita pelos santos durante mais de mil anos:

Deus Todo-Poderoso, para Ti todos os corações estão abertos, todos os desejos conhecidos, e de Ti nenhum segredo está escondido; purifica os pensamentos dos nossos corações pela inspiração do Teu Espírito Santo, para que possamos amar-Te perfeitamente e magnificar dignamente o Teu santo Nome; através de Cristo, nosso Senhor. Amém.[50]

---

49. Jones, *Conversion*, quoted in Foster and Smith, *Devotional Classics*, 281.
50. *The Book of Common* Prayer (Cambridge: Cambridge University Press, n.d.), 97–98.

6
A GRAÇA SUFICIENTE

Mas ele me disse: "Minha graça é suficiente para você, pois o meu poder se aperfeiçoa na fraqueza."
–2 Coríntios 12:9, NVI

Começámos este livro dizendo que a graça é pessoal, experimentada e conhecida através da pessoa e obra de Jesus Cristo, manifestada na presença do Espírito Santo. Como observado por Thomas Langford, a graça não é conhecida em abstrato como um princípio, "mas na real doação de Deus na história".[1] Em Jesus Cristo e através da presença do Espírito Santo, a renovação da vida humana é experimentada pela graça que busca, a graça salvadora, santificadora e sustentadora. Esta última expressão bíblica da graça é, para mim, a mais misteriosa de todas.

Já se perguntou porque é que aqueles que parecem ter uma vida fácil podem parecer tão distantes de Deus, enquanto os que estão a atravessar as águas mais profundas e a lidar com as maiores lutas pessoais frequentemente sentem a proximidade íntima com Deus? À primeira vista, ambas as observações parecem contra-intuitivas. É lógico que aqueles com menos problemas seriam mais felizes e cercados por uma paz maior do que aqueles que passam por um profundo

---

1. Thomas A. Langford, *Reflections on Grace* (Eugene, OR: Cascade Books, 2007), 107.

sofrimento, mas o oposto acontece frequentemente. Como explicamos este paradoxo?

Orar "seja feita a Tua vontade na terra como no céu" é confessar que nem tudo o que acontece no mundo é a vontade de Deus. Não atribuímos a Deus nada de mal. Sempre que o fazemos, impugnamos o Seu carácter. O terceiro mandamento proíbe tomar o nome de Deus em vão, que tem menos a ver com maldições e mais a ver com a deturpação de Deus no mundo. É uma coisa séria nomear qualquer coisa que é má como vinda de Deus ou nomear qualquer coisa que é de Deus como má. No entanto, deve-se mencionar que, embora nem tudo o que acontece seja a vontade de Deus, ainda assim, por causa do nosso Deus ser todo-poderoso e todo-amoroso, Ele tem uma vontade em tudo, especialmente no que respeita àqueles que Deus reivindica como Seus e que permanecem em Cristo. As Escrituras lembram-nos que uma das especialidades de Deus é redimir todas as coisas, mesmo quando o mal é intencional. "Vós bem intentastes mal contra mim, porém Deus o tornou em bem, para fazer como se vê neste dia, para conservar em vida a um povo grande" (Génesis 50:20). Mais uma vez, Paulo lembra-nos:

"E sabemos que todas as coisas contribuem juntamente para o bem daqueles que amam a Deus, daqueles que são chamados por seu decreto" (Romanos 8:28). José não disse que Deus fez com que os seus irmãos o vendessem para a escravatura egípcia; ele disse que Deus não deixaria que as suas más intenções tivessem a última palavra. Paulo não disse que Deus faz com que coisas más aconteçam ao Seu povo; pelo contrário, ele disse que Deus é fiel para trabalhar em tudo, tanto o bom como o mau, para pegar no que parece ser apenas destrutivo e destroçado e torná-lo curador e santo. Essas Escrituras explicam porque é que aqueles, em Cristo, que enfrentam o maior sofrimento também são os que experimentam a maior paz. Algo acontece na vida de um discípulo totalmente consagrado de Jesus que, ao longo da jornada da graça, passa por circunstâncias difíceis e situações exigentes. Eles experimentam a graça suficiente de Deus nas suas fraquezas para sustentá-los e fornecer o que é necessário nas suas maiores lutas.

Força Aperfeiçoada na Fraqueza

O apóstolo Paulo falou sobre a graça suficiente no contexto da sua segunda carta à igreja do primeiro século em Corinto. Segundo Paulo, catorze anos antes de escrever essa carta aos coríntios, recebeu uma visão de Deus onde "foi arrebatado ao terceiro céu" (2 Coríntios 12:2). Muitos estudiosos da Bíblia não acreditam que Paulo estava a sugerir que existem vários níveis do céu, mas que estava a descrever uma revelação além da comum capacidade humana de ver e que ele era capaz, pela inspiração do Espírito, de perceber algo além do reino físico. O seu objectivo era dizer-lhes (e a nós também) que tinha encontrado a presença de Deus de forma poderosa, que tinha visto o Cristo ressuscitado e nunca mais seria o mesmo - isso tinha mudado a sua vida.[2]

Uma experiência tão eufórica pode levar uma pessoa a ser espiritualmente orgulhosa. Consciente desse potencial perigo, e para não tropeçar numa presunção profana, Paulo acrescenta que tinha um "espinho na carne" (12: 7). Nem a origem, nem as especificidades do espinho são totalmente claras. Não sabemos se o problema era físico, emocional ou relacional.[3] O que está claro é que isso se tornou um fardo tão pesado para Paulo que se referiu ao espinho como "um mensageiro de Satanás para me esbofetear" e para o lembrar da sua fragilidade (12:7). Ele implorou a Deus que o retirasse, removesse a sua

---

2. Douglas Ward, "The 'Third Heaven,'" *The Voice: Biblical and Theological Resources for Growing Christians*, 2018, https://www.crivoice.org/thirdheaven.html. Muitos estudiosos afirmam que a visão que Paulo descreve em 2 Coríntios é uma referência ao seu encontro na estrada de Damasco com o Cristo ressuscitado.
3. Alguns especularam que o espinho de Paulo na carne era físico: uma condição da pele, um problema agudo de visão ou epilepsia. Outros sugeriram que o espinho era uma memória do seu passado como perseguidor da igreja e as dificuldades relacionais que poderiam ocorrer com os cristãos judeus.

deficiência - e, ao que parece, isso fê-lo um líder mais forte e melhor para igreja. Antes de explorarmos mais o espinho, vamos lembrar-nos que Paulo era um homem forte. Ele não era fraco espiritualmente. Noutro lugar, Paulo descreve em detalhe os seus sofrimentos como apóstolo:

Ora, trabalhei muito mais que eles, fui mais vezes encarcerado, fui espancado mais do que posso contar e, em vários momentos, estive às portas da morte. Cinco vezes levei as trinta e nove chibatadas dos judeus, três vezes espancado pelos romanos, uma vez fui apedrejado. Naufraguei três vezes e fiquei um dia e uma noite perdido no mar. Em viagens difíceis, ano após ano, tive de atravessar rios, enfrentar ladrões, lutar com amigos e inimigos. Estive em risco na cidade, em risco na zona rural. Enfrentei o perigo sob o sol do deserto e em tempestades no mar. Também fui traído pelos que pensei serem meus irmãos. Sei o que é trabalhar duro, passar noites longas e solitárias sem dormir. Já fiquei muito tempo sem comer, sofri com o frio e com a falta de agasalho.4

Sem mencionar a pressão e a ansiedade contínuas de lidar com igrejas problemáticas e membros insuportáveis da igreja!

Leia novamente a lista de provações de Paulo. Ele suportou tudo isso e mais, sem dúvidas (vêm-me à mente possíveis mordidas de cobras). Já está convencido de que Paulo não era nem uma flor de estufa nem um queixoso chorão? Isto leva-nos a supor que, qualquer que fosse o espinho, não era uma coisa insignificante para Paulo. Paulo refere, não menos que três vezes, que implorou a Deus que lhe retirasse o espinho (uma forma bíblica de dizer: "eu insisti em pedir"). Paulo está a consciencializar-nos de que estava mesmo a passar por situações muito perigosas. Ele carregava um peso que o esmagava e podia sentir que estava a tropeçar no seu próprio peso. Não era uma coisa pequena aos olhos de Paulo, e por isso, orou por cura. O Senhor respondeu à sua oração, mas não da maneira que ele esperava. Não,

Paulo. Vais continuar com o espinho, mas quero que saibas isto: "A minha graça te basta, porque o meu poder se aperfeiçoa na fraqueza" (2 Coríntios 12:9). És mais forte nos teus momentos mais fracos quando estou contigo do que nos teus momentos mais fortes sem mim. A minha força é aperfeiçoada na tua fraqueza.

Carregado nos Braços Divinos

A graça suficiente é a maneira do Senhor nos dizer: "Quando chegares ao fim da tua força humana, eu te darei a minha força sobrenatural. Quando a tua energia acabar, a minha energia será vivificada em ti. Quando não conseguires ir adiante, Eu vou buscar-te e carregar-te. Descansa nos meus braços durante algum tempo".

Existe uma parábola poética moderna e bem conhecida chamada "Pegadas na Areia".

Uma noite tive um sonho. Estava a passear na praia com o meu Senhor. Pelo céu passavam cenas da minha vida. Por cada cena, percebi que eram deixados dois pares de pegadas na areia, um que me pertencia e outro ao meu Senhor.

Quando a última cena da minha vida passou perante mim, olhei para trás para as pegadas na areia. Havia apenas um par de pegadas. Apercebi-me de que eram os momentos mais difíceis e tristes da minha vida.

Isso sempre me incomodou e interroguei o Senhor sobre o meu dilema. "Senhor, quando decidi seguir-Te, disseste-me que caminharias ao meu lado e falarias comigo durante todo o caminho. Mas apercebo-me de que, durante os momentos mais atormentados da minha vida, há apenas um par de pegadas. Não percebo porque razão quando mais precisei de Ti, Tu me deixaste".

Ele segredou: "Meu precioso filho, Eu amo-te e nunca te deixarei, nas horas de provação e de sofrimento. Nunca. Quando viste na areia apenas um par de pegadas foi porque Eu te carreguei ao colo."

Se alguém pudesse imaginar a graça que busca na forma de uma imagem, seria um pastor perspicaz, um pai à espera, um beijo ao despertar. Se a graça salvadora fosse uma imagem, seria um abraço, uma adopção, uma reconciliação. Se a graça suficiente fosse uma imagem, seria alguém a ser carregado nos braços divinos.

"Pegadas na Areia" é mais do que uma parábola - é uma história da vida real que ouvi várias vezes. Nos meus anos como pastor, havia pessoas nas minhas congregações a passarem por um sofrimento agudo e agonizante - algumas com tanta severidade que me perguntava como tinham forças para sair da cama de manhã; pessoas que se encontravam tão no limite das suas forças que eu, usando a frase de Eugene Peterson, "conseguia sentir o desespero deles nos meus ossos".

Então, ouvia-os dizer: "Pastor, não consigo explicar. Não faz qualquer sentido. Sei que deveria sentir-me esmagada por tudo isto, mas sinto-me - e usariam estas mesmas palavras - como se estivesse a ser carregada. Estou profundamente triste com esta perda, esta doença, esta morte, esta traição e devia estar a desmoronar, mas há uma paz na minha mente e uma tranquilidade no meu espírito que é inexplicável. A única maneira de descrever é que é como ser graciosamente erguido nos braços eternos". Um conjunto de pegadas: a graça suficiente.

Se há uma coisa que descobri no que diz respeito ao sofrimento, é que a graça suficiente permanece uma realidade intelectual até que mais precisamos dela. Alguém pode saber algo na sua cabeça e nunca o saber no coração. Para realmente a experimentar, ser sustentado e ser carregado por ela, está para além da definição - só realmente passando por isso. Assim é a graça suficiente. Conversei há pouco tempo com um amigo que me disse: "Não sei o que faria se perdesse um dos meus filhos. Eu não teria forças para continuar".

Respondi: "Tens razão. Não tens forças agora, porque não tiveste de passar por isso. Espero que nunca precises, mas se precisares, haveria a graça suficiente".

Graça "na medida suficiente"

A graça suficiente é o que precisa para hoje. É um presente diário "do que é suficiente". É como um maná no deserto. O povo de Deus estava numa jornada pelo deserto. Havia muito pouca comida e, a menos que Deus provesse, eles morreriam de fome. Então, Deus deu-lhes um presente. Choveu pão do céu. Todas as manhãs, quando o povo acordava, estava no chão, do lado de fora das tendas deles, fresco para aquele dia. Eles não lutaram, trabalharam ou pagaram pelo pão. Estava lá como um presente da mão de Deus. Tudo o que eles precisavam de fazer era juntá-lo e prepará-lo. A única regra era que não podiam armazená-lo. Eles não podiam encher a lata com bolos e guardá-los para um dia de chuva. Eles não podiam esconder o maná debaixo dos colchões, caso Deus não o enviasse no dia seguinte; se eles o fizessem, ele ficaria estragado. Ficaria com bicho e bolor, e tornar-se-ia em isco para peixe. Eles apenas tinham que acreditar que Deus proveria tudo o que precisavam hoje, e confiar que faria o mesmo amanhã. As Suas misericórdias renovam-se cada manhã.

A graça suficiente é assim. Não pode ser armazenada para amanhã. Ela é suficiente para hoje. Deus dá-nos tudo o que precisamos hoje, e é exactamente o necessário. Amanhã será também o suficiente. É a graça "o que quer que precise, EU sou" que nos carrega quando não conseguimos ir adiante. Não é de admirar que Paulo tenha declarado com confiança: "De boa vontade, pois, me gloriarei nas minhas fraquezas, para que em mim habite o poder de Cristo. Pelo que sinto prazer nas fraquezas, nas injúrias, nas necessidades, nas perseguições, nas angústias, por amor de Cristo. Porque, quando estou fraco, então, sou forte" (2 Coríntios 12:9-10).

A Graça que Se Mantém

Há alguns anos atrás, um pastor na Pensilvânia viu um homem depois do culto com um alfinete de peito com a imagem de um bulldog na lapela do seu fato. Sem saber que o homem trabalhava para uma empresa de camiões cujo logotipo comercial era um bulldog, perguntou ingenuamente: "O que simboliza esse bulldog?"

Com um brilho nos olhos, o homem respondeu maliciosamente: "Bem, pastor, o bulldog simboliza a tenacidade com que me agarro a Jesus Cristo".

O pastor respondeu: "É um símbolo maravilhoso, mas uma má teologia". Surpreendido, o homem perguntou: "Como assim?"

"Nunca deve representar a tenacidade com que se apega a Jesus Cristo", observou o pastor. "Deve representar a tenacidade com que Jesus Cristo se apega a si".

Em tempos difíceis, a fé não é uma questão de quão forte somos ou quanta fé temos. Nos momentos mais sombrios, a fé é realmente uma questão de quão forte Deus é. Não importa o que encontramos na jornada, a graça de Deus é suficiente para nos sustentar e o Seu amor é forte o suficiente para nos fazer passar por isso. Lembremo-nos que o facto de não importar o que aconteça na vida significa que Jesus Cristo está a carregar-nos com a tenacidade de um bulldog e nunca nos deixará.

Uma mulher de uma igreja que estava a pastorear ficou de repente muito doente. Os médicos fizeram-lhe uma série de testes para ver o que estava a acontecer. Eles descobriram que ela tinha uma condição rara que fazia com que o seu corpo tivesse graves reacções alérgicas a qualquer alimento que comesse. Acabou por se tornar muito sério, até com risco de vida. Durante esse período, o seu marido foi destacado para o Afeganistão em serviço militar. Ela foi finalmente hospitalizada e enfrentou um exame médico que esperavam que a colocasse numa violenta reacção alérgica que a faria parar temporariamente de respirar. Ninguém espera uma reacção tão violenta, especialmente quando se sabe que está a chegar. Ela disse-me: "Pastor, eu estava com muito medo, mesmo a ponto de entrar em pânico. Estava deitada na cama do hospital, com pena de mim mesma pelo que iria suportar dentro de momentos e a perguntar-me porque é que tudo isto me estava a acontecer. Ainda por cima, estava chateada pelo meu marido estar a milhares de quilómetros de distância. Estava com medo e senti-me muito sozinha".

Chegou a hora do exame. Ela estava apavorada: "Agora sei o que significa o termo 'assustado'. Eu literalmente não me conseguia mexer e descobri que nem conseguia orar. Nunca antes tinha sido incapaz de orar. A única oração que pude fazer foi: 'Deus, ajuda-me por favor'".

Ela virou-se para a enfermeira que iria administrar o exame e perguntou: "É cristã?"

"Sim, sou", respondeu a enfermeira.

"Pode orar por mim?"

A enfermeira respondeu sem hesitar: "Claro", e começou a fazer uma simples oração por conforto e cura.

Mais tarde, essa amiga disse-me: "Enquanto a enfermeira orava, senti uma paz incrível. Era quase como se Deus colocasse as Suas mãos em mim e me levasse à Sua presença" (sim, ela usou essa frase). "Eu sabia que Deus estava comigo, e de repente deixei de ter medo."

Eles administraram o exame e, para surpresa de todos, ela não teve a reacção violenta. "Pastor, de repente senti uma fonte de alegria a surgir em mim. Era uma alegria exuberante. Se eu pudesse ter dançado na sala, teria dançado!

Naquele exacto momento, a enfermeira dela tirou o colete de radiação que usava e tinha pendurada no pescoço uma grande cruz.

Agora, com lágrimas nos olhos por causa daquela vívida lembrança, a minha amiga disse-me: "Foi aí que percebi que Deus tinha estado comigo o tempo todo - eu simplesmente não O conseguia ver. Não pude sentir a Sua presença, mas Ele estava lá. Ele esteve lá o tempo todo. Embora o meu marido estivesse no Afeganistão, eu ainda era a noiva de Cristo. Jesus era o meu marido naquele momento, ao meu lado, a carregar-me."

Ao longo da jornada da graça, a graça suficiente de Deus apega-se a nós de várias maneiras, mas uma das maneiras mais importantes é através do corpo de Cristo. Não nos deveria surpreender que, quando oramos para que Deus Se revele na nossa dor, Ele vem na forma de um cartão ou de um telefonema de uma pessoa na nossa igreja que diz: "Eu amo-te. Estou a orar por ti. O Senhor está contigo". Às vezes, entramos na comunhão da igreja carregando o que parece ser um fardo insuportável, e um irmão ou irmã em Cristo abraça-nos e diz: "Tenho estado a pensar muito em ti ultimamente. Quero que saibas que és amado e que tenho orado por ti". E, milagre dos milagres, a presença encarnada de Jesus rodeia-nos, quase como se Ele estivesse a carregar-nos naquele momento com a tenacidade de um bulldog, carregando-nos pelos momentos mais desafiantes das nossas vidas.

Quando uma das minhas filhas era pequena, ela tinha medo do escuro. Eu e a minha esposa colocávamo-la na cama e dizíamos: "Não tenhas medo. Jesus está aqui contigo".

Ela respondia: "Ok, mamã e papá. Não vou ter medo". No entanto, não demorava muito para ouvirmos alguém a bater à porta do nosso quarto. "Mamã e papá, eu sei que Jesus está comigo, mas preciso de alguém que seja parecido convosco".

Ela estava certa. Às vezes precisamos de alguém que se pareça connosco. É isso que o corpo de Cristo é - a comunidade cristã é Jesus em pele e osso. Através dos calorosos corpos das pessoas, cheios da ilimitada compaixão e amor duradouro, somos abraçados e sustentados por Deus.

Resistência, Carácter e Esperança

A dor e o sofrimento são coisas que normalmente queremos evitar. Não é errado desejar conforto e saúde. No entanto, também sabemos que podemos encontrar alegria e até esperança em alturas dolorosas e angustiantes, porque sabemos que a força de Jesus é aperfeiçoada na nossa fraqueza. Numa outra carta aos cristãos do primeiro século que moravam em Roma, Paulo disse: "E não somente isto, mas também nos gloriamos nas tribulações, sabendo que a tribulação produz a paciência; e a paciência, a experiência; e a experiência, a esperança. E a esperança não traz confusão, porquanto o amor de Deus está derramado em nosso coração pelo Espírito Santo que nos foi dado" (Romanos 5:3-5). Mais uma vez, Paulo está a referir-se à virtude e formação de carácter à semelhança a Cristo.

Primeiro, o sofrimento produz resistência. Os problemas, pressão e provações não são acidentes aleatórios do destino que não têm relação com o nosso objectivo final *(telos)* da semelhança a Cristo. Na língua original do Novo Testamento, "resistência" é a palavra *hypomone*, que significa permanecer firme, não importa o que aconteça - permanecer firme, mesmo quando as pressões da vida surgem sobre nós. As dificuldades produzem resistência e a resistência é a qualidade que diz: "Não vou desistir, não importa o que aconteça". É parecido a percorrer uma longa distância. As suas pernas estão pesadas, os pulmões precisam de ar, o coração parece que vai explodir para fora do peito e quer muito desistir. No entanto, sabe que precisa continuar a correr porque, no exacto momento em que deseja desistir, estará a receber o maior benefício para a sua condição física. Isso é *hypomone* - resistência sob pressão. Podemos regozijar-nos nos nossos problemas e provações, sabendo que as pressões e até os sofrimentos da vida produzem resistência e perseverança.

Segundo, a resistência produz carácter. A palavra grega *dokime* referia-se originalmente a um metal que foi refinado e do qual foram removidas todas as impurezas. Os problemas e as provações produzem resistência e a resistência produz força de carácter. O carácter é desesperadamente necessário em todos os níveis da sociedade. Richard John Neuhaus enfatiza o ponto: "Que o sermos pessoas novas em Cristo é puro presente de Deus; a construção do carácter é a concretização desse presente. É um processo trabalhoso esse de se tornar quem já somos, em Cristo. Requer respeito pelas experiências quotidianas, pelos aspectos quotidianos da peregrinação cristã".[4] Neuhaus conclui inflexivelmente: "O carácter implica coragem e graça para viver a boa vida num mundo onde as necessidades não são, em grande parte, atendidas".[5] Não se recebe força de carácter por procuração. Prevalecer ao longo dos testes de situações da vida real produz resistência, e a resistência, quando justificada, produz integridade e profundidade de carácter.

Terceiro, o carácter produz esperança. A esperança crença, calma e segura, de que Deus está connosco. A esperança é a confiante expectativa de que, não importa o que o futuro traga, o nosso companheiro de jornada de graça sustém o futuro. O problema central hoje em dia não é o stress em demasia, mas a pouca esperança. De facto, Thomas Langford afirma isto bem: "A esperança não é adiada para o futuro; a esperança reformula a compreensão do passado e determina a vida no presente. Vivemos transformados na e pela esperança".[6]

Uma ilustração pode ajudar a esclarecer esta questão.[7] Imagine uma sala cheia de alunos do ensino secundário. Vira-se para o aluno da esquerda e pergunta: "Como está a ser o teu último ano do ensino secundário?"

---

4. Richard John Neuhaus, *Freedom for Ministry* (Grand Rapids: Eerdmans, 1979), 90.
5. Neuhaus, *Freedom for Ministry*, 88.
6. Langford, *Reflections on Grace*, 107.
7. Ouvi esta ilustração num sermão pregado pelo Rev. Dr. Thomas Tewell nos anos 90 chamado "A Tenacidade de um Bulldog".

Ele responde: "Não está a correr bem. Chumbei a várias disciplinas e, se chumbar a mais uma, não irei graduar-me. Vou ter de repetir o último ano."

Pergunta novamente: "O que vês no teu futuro?"

"Bom, espero graduar-me em Maio e depois vou tentar entrar numa faculdade no Outono."

Depois vira-se para a aluna à sua direita e faz a mesma pergunta. "Como está a ser o teu último ano do ensino secundário?"

"Está a correr muito bem", diz ela.

"Estás a pensar ir para a faculdade?"

"Sem dúvida! Já fui aceite na Universidade de Harvard. Ainda estou à espera de notícias de Princeton, Stanford e MIT, mas tenho esperança."

"Deves ser uma aluna muito boa. Importas-te de me dizer em que lugar estás na classificação dos alunos?"

"Dos seiscentos alunos, sou a segunda melhor do meu ano, com uma média de classificação de 4,3 pontos".

"Uau! Isso é impressionante! Importas-te de me dizer qual foi a tua nota no SAT [n.t.: exame padrão amplamente utilizado para admissões nas faculdades nos Estados Unidos]?

"Tive 780 em matemática e 760 em linguística, que perfaz um total de 1540". (800 é a nota máxima em cada categoria.)

"Isso é quase tanto como o meu resultado no SAT", acrescenta ironicamente. "O que vês no teu futuro?"

"Bom, espero graduar-me em Maio e depois ir para uma dessas universidades para me tornar uma investigadora científica".

Poderá pensar, "ela espera graduar-se"? Ela já se graduou! A dúvida nem se põe.

Vê a diferença? O primeiro aluno estava à espera para além do que era esperado; a segunda aluna esperava, com certa confiança, que isso acontecesse. Esperanças como esta não são adiadas para o futuro.

Elas remodelam a compreensão do passado e determinam a vida no presente. Desta forma, somos transformados em e pela esperança. As pessoas às vezes dizem: "Espero que Deus me ame. Espero que Deus não me vire as costas. Espero que Deus não me abandone quando estiver entre a espada e a parede. Espero que Deus me sustente e me fortaleça nos meus tempos mais sombrios". A esperança cristã baseia-se no amor passado, presente e futuro da cruz de Jesus Cristo e no poder vivificador da Sua ressurreição. Esta esperança não nos decepciona (Romanos 5:5). Estamos nas fortes garras da graça suficiente de Deus. Ele apega-se a nós com a tenacidade de um bulldog.

Nas Tuas Mãos, Entrego o Meu Espírito

Não é por acaso que escrevi este capítulo durante a pandemia da COVID-19, um tempo de grande incerteza e profundo sofrimento. O Sábado de Aleluia, um dia antes da Páscoa, pretende ser um momento de tranquila reflexão sobre a morte de Jesus e de recordar o Seu tempo na escuridão de uma sepultura. Um dos textos leccionários para este dia, o Salmo 31, continha as palavras que Jesus disse da cruz antes de morrer: "Pai, nas tuas mãos entrego o meu espírito" (Lucas 23:46). Jesus citou directamente o Salmo 31:5, acrescentando apenas a palavra Abba ("Pai") à sua oração.

Das muitas coisas a serem aprendidas com esta oração de Jesus, a que mais se destaca para mim no deserto da COVID-19, é que há uma vasta diferença entre uma vida que é tirada e uma vida que é dada. Jesus deixou claro no Evangelho de João: "Ninguém ma tira de mim, mas eu de mim mesmo a dou" (10:18). Ele dá a Sua vida livre e voluntariamente. A morte de Jesus na cruz não foi um final trágico para uma vida promissora ou a decepção de uma missão fracassada. Ela sempre foi o desígnio divino. A cruz era o plano cósmico de Deus para nos resgatar das trevas e das garras da morte dos principados e poderes. Assim, o sacrifício de Jesus não Lhe foi imposto - Ele abraçou-o voluntariamente por nós. Ele sabia que estava nas mãos de

Deus e, por isso, podia dizer: "mas eu de mim mesmo a dou; tenho poder para a dar e poder para tornar a tomá-la" (10:17).

Deveríamos tirar um tempo para perguntar: a nossa vida está a ser dada ou tirada? Há uma grande diferença entre as duas coisas, principalmente em relação à questão da confiança. "Pai, nas Tuas mãos entrego o meu Espírito" significa que confiamos que a nossa vida está a ser dada por algo maior e mais belo do que aquilo que poderíamos realizar sem o nosso Pai celestial. Jesus, ao fazer essa oração no momento mais difícil da Sua vida, diz-nos que já a fazia há muito tempo - incluindo as orações agonizantes que fez no jardim do Getsémani. "Nas Tuas mãos" é uma oração de total rendição, porque, no fundo, é uma declaração de que estamos a retirar-nos das mãos de outras pessoas e circunstâncias - incluindo os nossos próprios planos e propósitos - e estamos, voluntariamente, a colocar as nossas vidas nas mãos de Deus. Num poderoso sentido, redefine e volta a imaginar as experiências das nossas vidas, permitindo que as coisas aconteçam connosco ou colocando-nos aos cuidados de Deus para ordenar os nossos passos. Uma coisa é tirarem-nos algo - a outra é entregá-lo. Pode ser uma perda ou uma rendição.

Jesus apresenta-nos o chocante poder do sacrifício. Ele mostra-nos que, ao nos rendermos a Deus, somos capazes de transformar algo que parece uma perda para todo o mundo, em algo que é um ganho para todo o mundo. Quando Frederick Buechner diz: "Sacrificar algo é torná-lo santo, dando-o por amor", quer dizer que mesmo que alguém esteja a tentar arrancá-lo das nossas mãos, mesmo quando parece que está fora do nosso controlo, ainda podemos decidir como vamos deixá-lo ir.[8] Ainda podemos abrir as mãos no último momento e revelar o que os outros pensavam que estava a ser tirado de nós e o que as

---

8. Frederick Buechner, *Wishful Thinking: A Seeker's ABC* (New York: HarperOne, 1973), 10.

circunstâncias pareciam estar a roubar de nós. Podemos santificá-lo, fazendo-o por amor, entregando-o a Deus.

Na experiência surreal da pandemia da COVID-19, em que os dias se tornaram semanas, era fácil sentir que algo nos estava a ser tirado. Sentimos medo, raiva, incerteza e estávamos a sair das nossas zonas de conforto. Tivemos uma escolha a fazer. Poderíamos fazer-nos de vítimas e dizer: "Algo me está a ser tirado", ou poderíamos entregá-lo a Deus e dizer: "Pai, nas Tuas mãos entrego o meu espírito. Rendemo-nos aos Teus planos e propósitos. As nossas vidas não são nossas. Entregamo-las porque pertencemos a Ti e entregamo-las por amor, para que as possas santificar". Isso exige certa confiança da nossa parte, mas a recompensa é a paz absoluta de saber que as nossas vidas glorificaram a Deus, que elas não são acidentes aleatórios ou falhas, mas que os nossos dias estão nas Suas mãos. De facto, mesmo no nosso sofrimento, somos mantidos nos Seus braços. Nem mesmo uma pandemia global dita o propósito e o significado das nossas vidas. Ninguém rouba as nossas vidas - nós entregamo-las. Essa é a realidade da nossa esperança.

A Graça do Lamento

A graça suficiente não elimina todo o nosso medo e dúvida. Não há como evitar: mesmo na esperança, há espaço para perguntas. É possível ter fé mesmo quando há mais perguntas do que respostas. É possível lamentar e manter a esperança ao mesmo tempo. Não é apenas possível - também é bíblico. Chamamos a isso de lamento. Dos 150 salmos no livro de oração que chamamos de Saltério, existem diferentes variedades de salmos, incluindo acção de graças, realeza, ascensão, lamento e até imprecatórios (orações que fazemos quando estamos com raiva). Os salmos oferecem-nos exemplos, como a inspirada Palavra de Deus, de como orar em toda e qualquer situação da vida.

Os salmos de acção de *graça* (hallel - de onde obtemos a nossa palavra "aleluia") são orações de louvor que oferecemos quando a vida está bem ordenada e a presença de Deus parece estar especialmente próxima. Os salmos de lamento, por outro lado, são as orações que clamamos a Deus na nossa dor, quando a vida é dura e instável, sem fim à vista. As duas questões principais levantadas no lamento são: "porque é que isto está a acontecer?" e "até quando?" Deus não apenas permite este tipo de perguntas, mas também é interessante notar que 70% dos salmos bíblicos são orações de dor, não orações de louvor - lamento, não *hallel*. O próprio Jesus orou um lamento (Salmo 22) durante o Seu sofrimento na cruz.

A marca do lamento não é a dúvida, mas a confiança profundamente enraizada na fidelidade de Deus. Embora o lamento possa começar como um grito de desespero, a sua característica mais importante é a profunda confiança na natureza, carácter e poder de Deus que está presente, participativo e atento às trevas, fraqueza e sofrimento da vida. O lamento é a total dependência e total abandono a um Deus que pode parecer distante, mas nunca está ausente.

Tenho um amigo que foi diagnosticado com um cancro raro. Devido à incomum doença, os médicos estão a tentar várias formas de terapia, muitas das quais experimentais. Infelizmente, apesar dos melhores cuidados e ciência disponíveis, o cancro continuou a espalhar-se pelo seu corpo. Um dia, após outro relatório mau, a sua esposa colocou este testemunho no Facebook: "Apesar das opções de tratamento médico estarem a diminuir, a realidade da presença de Deus está a aumentar". Não conheço uma expressão mais bonita de lamento justo e esperança na graça suficiente de Deus.

Somos mais fortes nos nossos momentos mais fracos quando o Senhor está connosco do que nos nossos momentos mais fortes sem Ele. Temos essa certeza para a jornada da graça: a Sua força é aperfeiçoada na nossa fraqueza. Essa é a esperança que não nos decepciona.

Deixaremos que Pedro tenha a última palavra sobre a graça suficiente: "E o Deus de toda a graça, que em Cristo Jesus vos chamou à sua eterna glória, depois de haverdes padecido um pouco, ele mesmo vos aperfeiçoará, confirmará, fortificará e fortalecerá" (1 Pedro 5:10).

POSFÁCIO
JESUS CRISTO É O SENHOR

Uma vida totalmente dedicada a Deus tem mais valor para Ele do que cem vidas que foram simplesmente despertadas pelo seu Espírito.
−Chambers Chambers

Muita coisa mudou nos últimos cem anos. Imagine nascer em 1920 e estar vivo no ano de 2020. Em apenas um século, o contexto cultural em todas as regiões do mundo passou do industrial para a informação (Gutenberg para Google), do rural para o urbano e do pensamento moderno para o pensamento pós-moderno. Estas são mudanças culturais tectónicas que permaneceram inalteradas nos quinhentos anos anteriores. O que tinha sido um ambiente de mudança contínua (o que é desenvolvido a partir do que foi antes e, portanto, pode ser esperado, antecipado e gerido) durante meio milénio, rapidamente transitou para uma situação de mudança rápida e descontínua que era perturbadora e imprevisível.[1] Estamos maioritariamente em águas desconhecidas.

---

1. Alan J. Roxburgh, *The Missional Leader: Equipping Your Church to Reach a Changing World* (San Francisco: Josey Bass, 2006), 7.

Estas mudanças que abalam as bases geraram novas situações que desafiam pressupostos antigos de como o mundo funciona. Como resultado, a eclesiologia (a natureza e a estrutura da igreja) e a missiologia (como a igreja envolve a missão de Deus), por necessidade, tornaram-se altamente adaptáveis sem se deixarem comprometer. No entanto, em aspectos importantes, o que permanece constante neste tempo de rápida e descontínua mudança é o princípio eterno de que Jesus é o Caminho, a Verdade e a Vida - ou, nas palavras da mais antiga confissão cristã: "Jesus Cristo é o Senhor".

Quem consideramos "Senhor" é um alicerce essencial para a jornada da graça. Se dissermos que "[preencha o espaço em branco] é 'senhor'" (e realmente não importa se é outra pessoa, outra coisa ou você mesmo), isso muda toda a narrativa, incluindo o objectivo e o resultado final. Mas se realmente acreditamos que Jesus Cristo é o Senhor, ordenado para ser assim de eternidade a eternidade, há apenas uma resposta justa: discipulado. Richard John Neuhaus lembra-nos que o senhorio "não é apenas uma afirmação de facto, mas uma promessa de lealdade pessoal e comunitária".[2] Porque Jesus Cristo é o Senhor, queremos ser como Ele. Queremos fazer o que Jesus fez e viver como Ele viveu. Essa é a definição do discipulado cristão e é ainda a forma como Jesus entra na Sua igreja.

Dallas Willard argumenta convincentemente que o Novo Testamento é uma colecção de livros sobre discípulos, por discípulos e para discípulos de Jesus Cristo.[3] Assim, o objectivo do discipulado não é a auto-actualização ("preciso de encontrar o meu verdadeiro "eu" e o que é melhor para mim") ou a resignação às forças do determinismo ("não consigo evitar; é assim que sou"). De facto, da

---

2. Neuhaus, *Freedom for Ministry*, 98.
3. Willard, *The Great Omission*, 3. Willard reitera que a palavra "discípulo" ocorre 269 vezes no Novo Testamento, enquanto "cristão" é encontrado três vezes e é introduzido para se referir precisamente aos discípulos de Jesus em Antioquia (ver Actos 11:26).

perspectiva do cristianismo, ser fiel a si mesmo é ser verdadeiro com a pessoa que somos chamados a ser por Deus Pai, refeita à semelhança do Seu Filho. Seguir Jesus e tornar-se como Ele é o objectivo sem desculpas da jornada da graça. João, o escritor do Evangelho, esforça-se ao máximo para nos dizer que Jesus parece-se e age como o Seu Pai: "Quem me vê a mim vê o Pai" (14:9), e que Jesus é o Verbo feito carne e, vindo do Seu Pai, é cheio de graça e verdade (1:14). Quem é Jesus e o que Jesus faz são dois lados da mesma moeda, uma realidade que levanta questões importantes para a natureza do nosso discipulado.

Ao contrário do pensamento popular, Deus não é um velhote sentimental com uma longa barba branca que acena com a mão com desdém e diz: "Não importa o que eles façam; Eu só quero que eles se divirtam e passem um bom tempo". Deus também não é o Pai zangado, duro e irritado, que não mal pode esperar que os seus filhos façam confusão, para que possa mostrar a Sua raiva e puni-los. O primeiro exemplo é a graça sem verdade - a indulgência suave sem o fogo da santidade, o que leva à permissividade irresponsável. O segundo é a verdade sem graça - uma religiosidade implacável que leva ao legalismo rígido com pouco amor. Certamente não é fácil manter o equilíbrio entre a graça e a verdade, mas ambos devem ser mantidos em tensão pela necessidade e integridade do amor santo.

Fundamentalmente, o facto de tantas pessoas nas nossas igrejas serem cristãs de nome, mas não serem discípulas de Jesus Cristo, que é o Senhor, é o grande problema da igreja hoje. Esse discipulado consagrado (uma vida de aprender a viver no reino de Deus como Jesus fez) tornou-se opcional, excepto para os mais radicais entre nós - não apenas porque perpetua a ideia de que Jesus pode ser seu Salvador sem ser seu Senhor, mas, talvez mais importante, porque pressupõe que a graça é dada para nos aceitar como somos, mas não tem relação com o que nos tornamos.

A observação de C. S. Lewis de que "o cristão não pensa que Deus nos amará porque somos bons, mas que Ele nos tornará bons porque nos ama" é simplesmente outra forma de dizer que Deus nos ama como somos, mas também nos ama demais para nos deixar dessa forma. O amor de Deus é amor santo. Então, o tipo de pessoa que nos tornamos importa para Deus. O amor santo é cheio de graça e verdade. O amor santo dissipa a graça barata. O amor santo torna-se a condição e o meio para o discipulado. O amor santo exige que tomemos a nossa cruz e sigamos Jesus.

Se assumir a nossa cruz parece uma mensagem difícil para o nosso tempo, considere a alternativa: existência anémica e insípida vivida para si mesmo: religião sem relacionamento. Não pude escapar dos comentários de Dallas Willard sobre o custo do "não discipulado" (palavras suas):

> O custo do não-discipulado é muito maior (...) do que o preço pago para andar com Jesus. (...) O não discipulado custa a paz, uma vida penetrada pelo amor, a fé que vê tudo à luz do governo superior de Deus para o bem, a esperança que permanece firme nas circunstâncias mais desencorajadoras, o poder para fazer o que é certo e suportar as forças do mal. Em suma, o não discipulado custa exactamente a abundância de vida que Jesus disse que veio trazer (João 10:10). Afinal, o jugo em forma de cruz de Cristo é um instrumento de libertação e poder para aqueles que n'Ele vivem e aprendem a mansidão e a humildade do coração que traz descanso à alma.[4]

O discipulado é uma jornada de graça que começa e termina com Jesus, que é o Caminho, a Verdade e a Vida. O objectivo do discipulado é seguir Jesus à medida que, pela graça, nos tornamos cada vez mais parecidos com Ele. A jornada é iniciada e sustentada pela graça,

---

4. Dallas Willard, *The Great Omission*, 8.

mas é realizada à medida que cooperamos livremente com Jesus como Senhor.

Os cristãos nascem; os discípulos são feitos. A semelhança com Cristo é o nosso destino.

www.ingramcontent.com/pod-product-compliance
Lightning Source LLC
Chambersburg PA
CBHW031445040426
42444CB00007B/980